응답하라
감성기타 2

저자 박지은

머리말

통기타는 시대와 장르를 초월하여 어느 음악에나 어울리는 장점이 있습니다.

7080세대에게는 지난 청춘의 추억을 불러일으켜 주고, 요즘 청소년들에게는 최신 아이돌 음악이나 오디션 프로그램 스타의 노래들을 따라부를 수 있는 즐거움을 선사해 줍니다.

통기타 연주의 이런 매력에 끌려 기타를 배우기 시작하는 분들은 굉장히 많습니다. 그러나 대부분의 경우 중간에 포기해 버려서 자신이 원하는 곡을 만족스럽게 칠 수 있는 단계에 도달하는 사람의 수는 아주 적습니다. 여러 가지 이유가 있겠지만, 기타 연주를 익히는 과정에서 만날 수 있는 어려운 고비를 잘 넘길 수 없었기 때문 아닐까 안타까운 생각이 듭니다. 그런 고비를 헤쳐 나갈 수 있도록 도와주는 책이 있다면 목표에 도달하는 확률이 훨씬 높아질 수 있을 것입니다. 그러나 시중에 나와 있는 책들 중 입문자용 교본은 많지만, 힘든 고비를 넘기는 데 도움을 줄 수 있는 중·상급자용 교재는 찾아보기 힘듭니다. 어쩌다 발견할 수 있는 책들도 단계를 훌쩍 뛰어넘어 갑자기 너무 어려워지는 내용이거나, 옛날 노래 혹은 잘 모르는 외국 노래들로 이루어진 해외 교재들뿐입니다. 기존의 중·상급자용 교재가 갖고 있는 문제점들을 고려하여 '응답하라 감성기타 2'는 여러분의 실력을 점진적으로 향상시킬 수 있도록 체계적인 과정으로 난이도를 조절하였고, 오래도록 사랑받는 스탠다드 곡들부터 최신 가요와 팝송까지 기타를 배운다면 한번쯤 꼭 쳐보고 싶은 연습곡들을 실었습니다.

1권에서 배운 기초적인 코드와 리듬을 바탕으로 2권에서는 16비트 리듬과 바 코드, 그리고 요즘 유행하는 노래를 연주하는 데 필수적인 커팅, 퍼커시브, 뮤트 등의 테크닉을 배울 것입니다. 오픈 코드와 쉬운 리듬으로 통기타의 기초를 잘 닦았다면 이제부터는 조금 어렵지만 어떤 곡이든 더 멋지게 칠 수 있는 바 코드와 여러 가지 주법을 익힐 것입니다. 글로써 이해가 쉽게 되지 않는 문제점을 보완하기 위해 QR코드를 함께 실었습니다. QR코드를 활용하면 동영상의 손 모양을 직접 보면서 따라할 수 있어서 훨씬 빠르게 익힐 수 있습니다. 또한 부록으로 수록된 모범 연주 음원은 전체적으로 원곡보다 느린 템포입니다. 우선 그것에 맞춰서 충분히 연습한 후에 원곡 음악을 틀어놓고 똑같이 칠 수 있게 도전해 보시기 바랍니다.

무엇이든 포기하지 않고 계속하는 것이 가장 중요합니다. 조금씩이라도 꾸준히 연습해 나간다면 자신도 모르는 사이에 업그레이드된 실력을 느낄 수 있을 것입니다.

끝으로 지난해 발간된 '응답하라 감성기타 1'에 많은 성원을 보내주신 모든 분들, 사랑하는 부모님과 동생 성호, 존경하는 교수님들, 동영상 촬영에 도움을 주신 클래시안 김병수, 정보영, 크레타 스튜디오, 형제악기 하봉용 사장님, 동덕여대 실용음악과 동기들, 성신여대 Thirsty Soul 친구들, 윤인영, 정지영 원장님, 음악세계 편집부 여러분께 깊은 감사를 드립니다.

박지은

차례
Contents

들어가기 전에

- 곡의 구조
- 스마트하게 교본 활용하기

# 곡의 구조

1. 벌스(Verse) A

노래의 1절, 2절 등 절을 뜻하는 말입니다. 벌스의 음악은 여러 번 반복될 수 있고, 반복될 때마다 가사와 멜로디가 달라지기도 합니다. 음악적으로 코러스와 대조적이며 코러스에서 절정에 도달하기 전에 준비를 하는 부분입니다.

2. 코러스(Chorus) B

후렴이라고도 합니다. 주로 기억하기 쉬운 멜로디를 가지고 있고, 곡에서 가장 강하고 화려한 부분입니다. 후렴도 여러 번 반복될 수 있는데, 벌스와 달리 후렴은 가사와 멜로디가 변하지 않고 그대로 반복되는 일이 많습니다.

3. 브릿지(Bridge)

브릿지는 서로 다른 두 섹션(부분)을 연결해주는 기능을 하는데, 브릿지에는 두 종류가 있습니다.

1) 프라이머리 브릿지(Primary Bridge) C
코러스와 코러스를 연결해주는 브릿지입니다. 코러스가 한 번 더 반복되기 전에 분위기를 전환해주기 위해 삽입되는 부분으로, 음악적으로 코러스와 대조적인 느낌입니다.

2) 트랜지셔널 브릿지 (Transitional Bridge) TB
프리코러스(Pre-Chorus)라고도 하는데, 벌스와 코러스를 연결해주는 브릿지입니다. 대조적인 느낌의 두 섹션을 자연스럽게 연결해주면서 코러스를 향해 감정이 고조되는 것을 도와줍니다.

4. 노래 없이 악기 반주만 나오는 부분

1) 인트로(Introduction) : 전주 Intro
2) 엔딩(Ending) 또는 아우트로(Outro) : 후주 Ending
3) 인터류드(Interlude) : 간주 INT

노래는 위에서 설명한 여러 섹션들을 다양하게 조합하고 배열해서 만듭니다.
각 섹션은 악보 위에 A, B, C 등 알파벳이나 TB, Intro, INT, Ending 등의 약자로 표시합니다.
A´나 B´처럼 알파벳 옆에 ´표시가 붙은 것은 비슷한 형태인데 멜로디나 코드가 약간만 바뀌는 것을 뜻합니다.

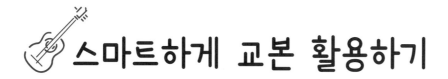 # 스마트하게 교본 활용하기

QR 코드 활용하기

QR 코드가 표시되어 있는 악보는 스마트폰을 이용하여 동영상으로 학습할 수 있습니다.

 1

QR코드는 정사각형 모양의 마크(이미지)로
스마트폰에서 인식할 수 있습니다

2

스마트폰에서 QR코드 어플리케이션을 다운로드 후
실행합니다. 또는 포털 사이트의 검색 창에서
QR코드 인식을 실행합니다.

3

QR 코드 스캐너

스마트폰을 QR코드에 가까이 대고 실행된
어플리케이션 화면, 또는 포털 사이트의 QR코드
인식 화면 프레임안에 QR코드를 맞춰 줍니다.

4

자동으로 인식되어 나타난 화면에서
재생 표시를 누르면 해당 영상을 볼 수 있습니다.

*모범연주동영상은 http://cafe.naver.com/eumaksekye에서도 확인할 수 있습니다.

LESSON 1

16비트
| 16Beat |

16비트 스트로크 패턴 (16Beat Stroke Pattern)

〈기본 리듬〉

16비트는 1박자를 기본으로 다음과 같은 리듬이 쓰입니다.

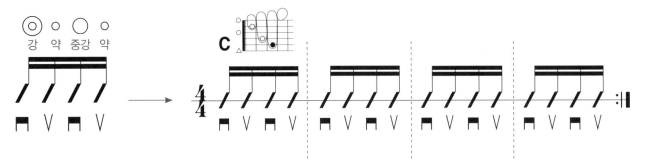

〈변형 리듬〉

16비트 변형 리듬을 연주할 때 괄호로 표시된 곳은 헛손질(Ghost Stroke, 고스트 스트로크)을 하여 '다운-업'의 순서를 맞춰줍니다.

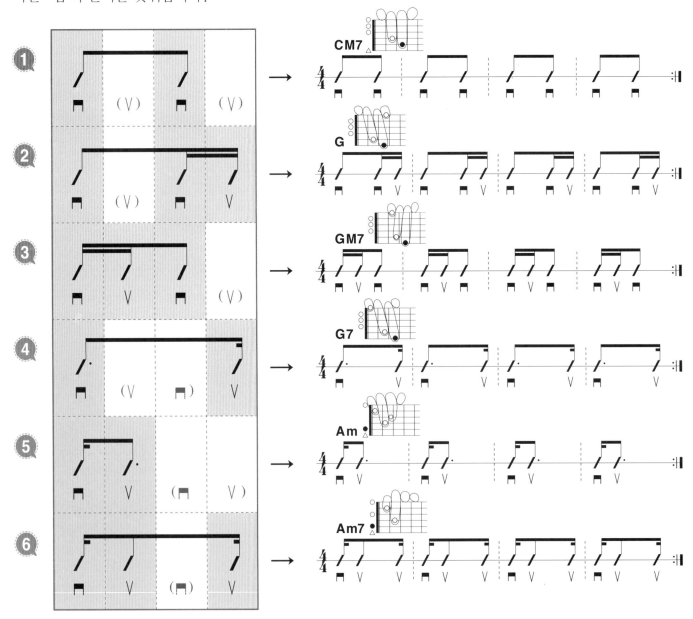

앞에서 배운 기본 리듬과 변형 리듬이 혼합된 형태의 여러 가지 16비트 리듬을 연습해 봅시다.
싱커페이션이 들어간 부분에서는 붙임줄로 묶여진 박자에서 헛손질을 하여 '다운-업' 스트로크의 순서를 맞춰 줍니다. 오른손이 멈추지 않고 계속 일정한 속도로 움직여서 전체적인 리듬이 느려지거나 빨라지지 않도록 주의하세요.

여름안에서

이현도 작사 · 작곡 | 듀스 노래

* 악보에 리듬이 표시되지 않은 Fill-in 부분은 자유롭게
  리듬을 변형하여 연주하세요.

언제나 꿈꿔온 순 간 이——— 여기 지 금— 내게 시작되 고 있어
같은 시간 속 에이 렇 게——— 함께 있 는— 것만으로도 난 좋아

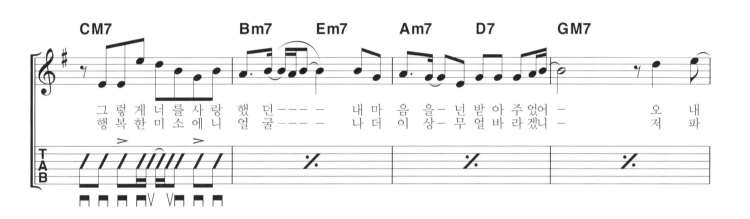

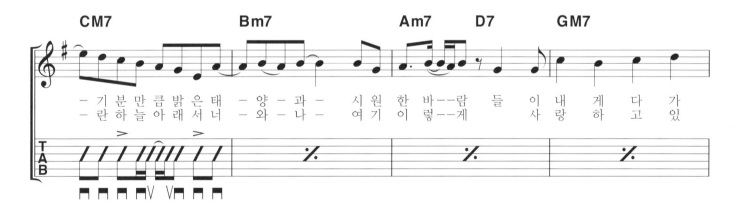

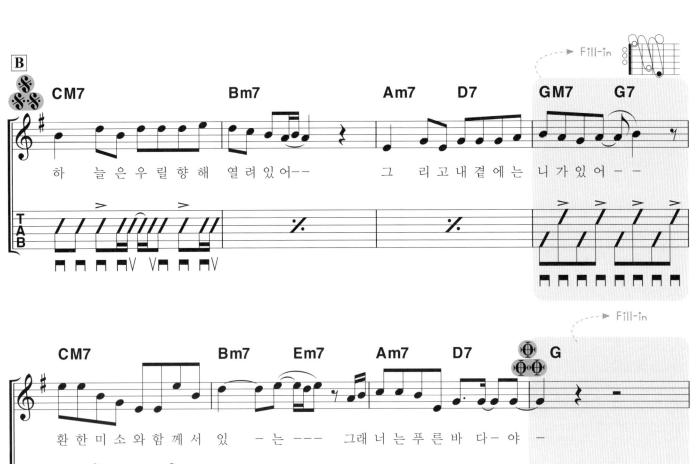

하　늘은우릴향해 열려있어-- 　그　리고내곁에는　니가있어 - -

환 한 미 소 와 함 께 서　있　- 는 - - - 그래 너 는 푸 른 바 다- 야　-

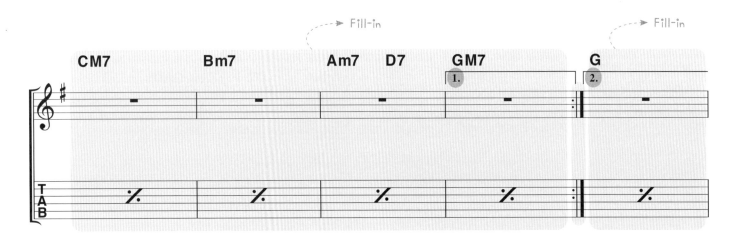

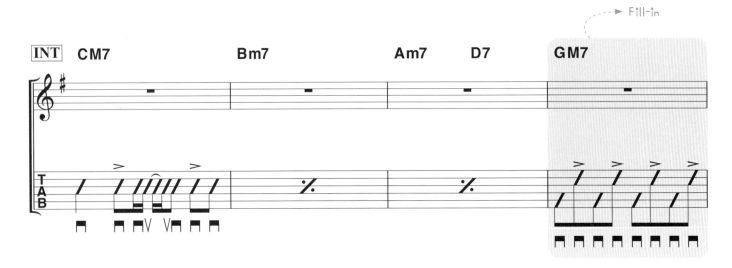

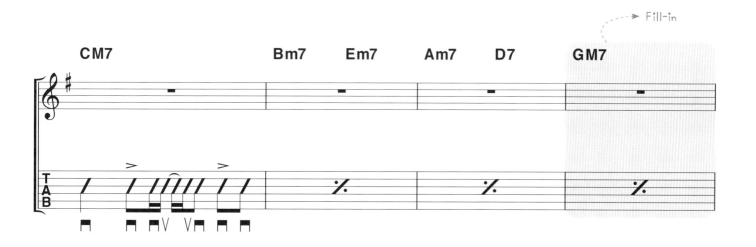

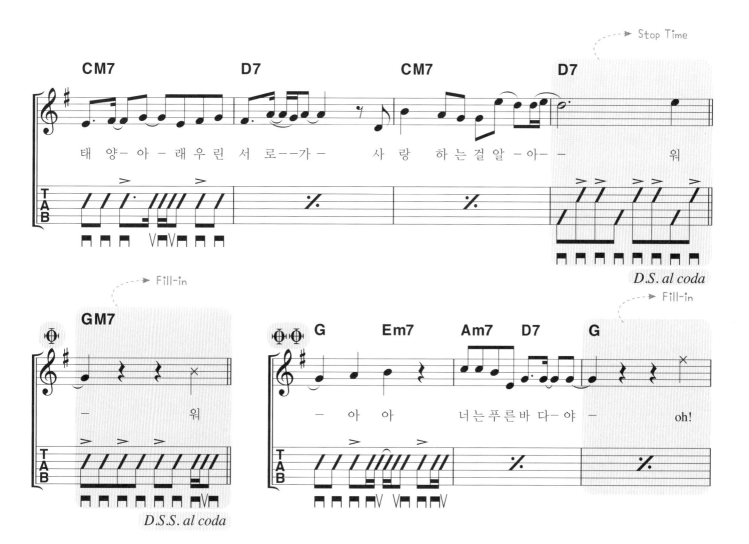

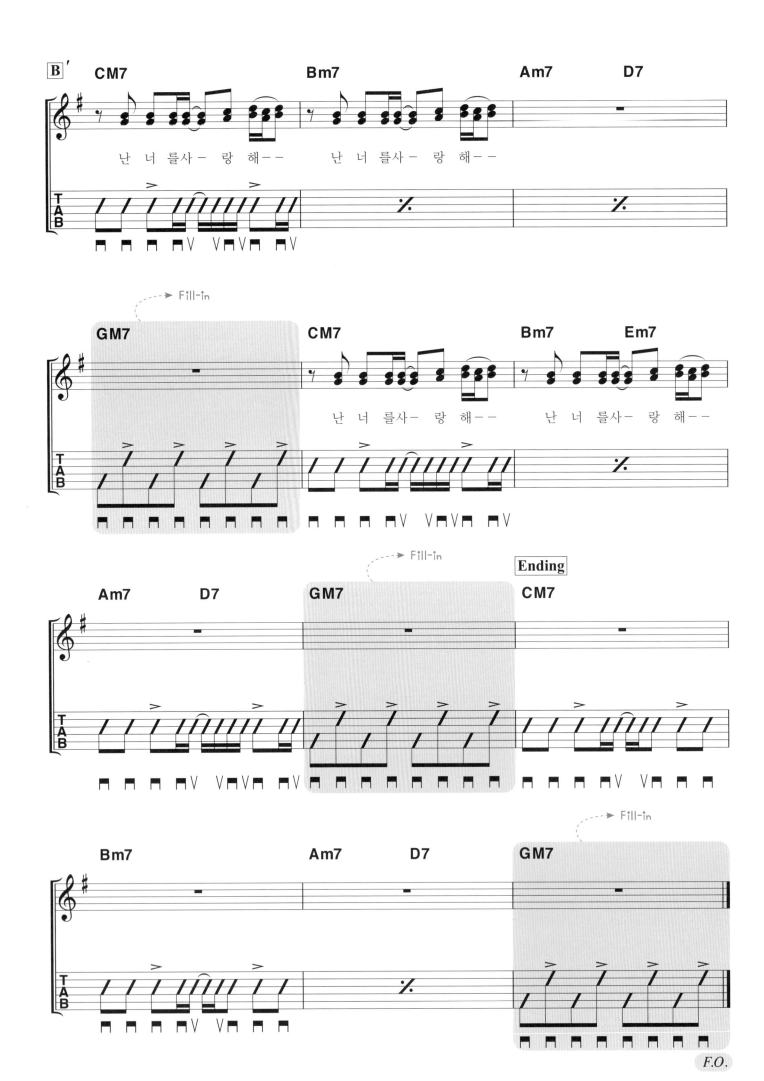

아파(Slow)

E.KNOCK, 선우정아 작사 · 작곡 | 2NE1 노래

> * Fill-in이나 Stop Time 부분의 리듬이 어려운 곡입니다.
> 섹션별 리듬을 먼저 연습한 후에 음악을 잘 듣고 맞춰보세요.

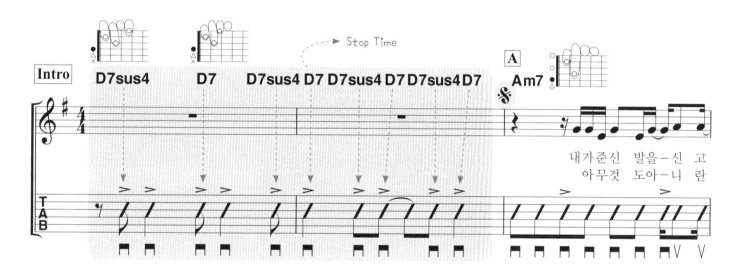

내가준신 발을ㅡ신 고
아무것 도아ㅡ니 란

ㅡ 그녀와 길을ㅡ걷 고 ㅡㅡ 아무렇 지않ㅡ게그녀 와 kiss 하 고 ㅡ ㅡ
듯 내눈물 바라ㅡ보 고 ㅡㅡ 태연하 게말ㅡ을ㅡ또이 어 가 고 ㅡㅡ

내가준향 수뿌ㅡ리 고 ㅡ 그녀를품 에안ㅡ고 나 와했ㅡ던 그ㅡ 약속ㅡ 또
아니란말 못하ㅡ겠 다 고 그어떤미 련도ㅡ후

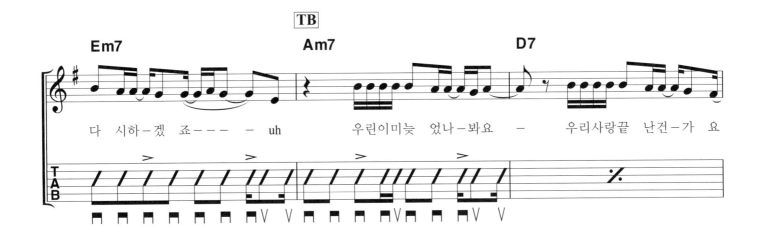

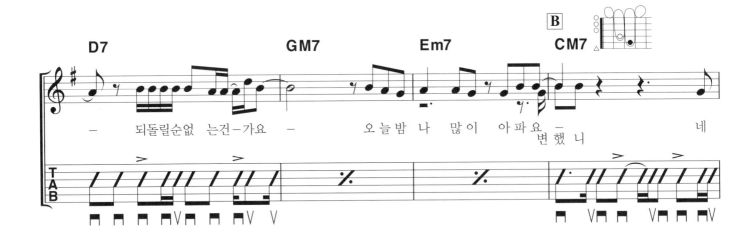

20

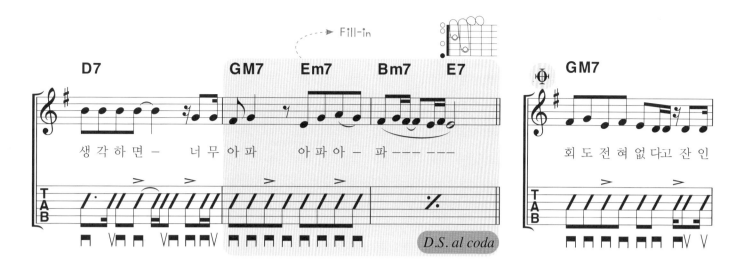

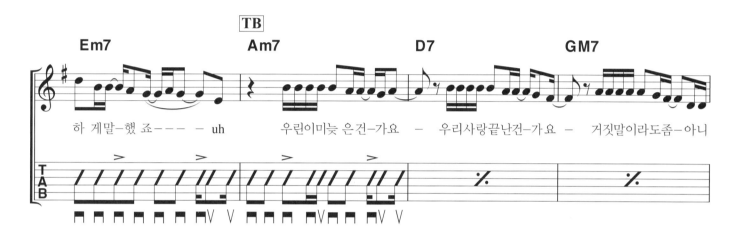

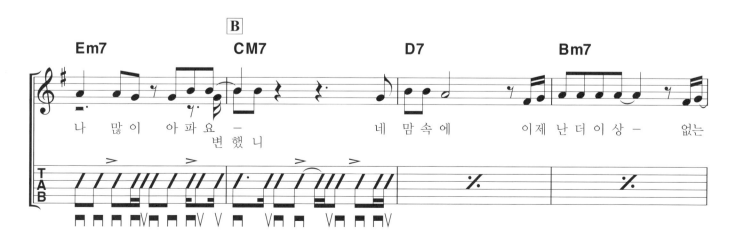

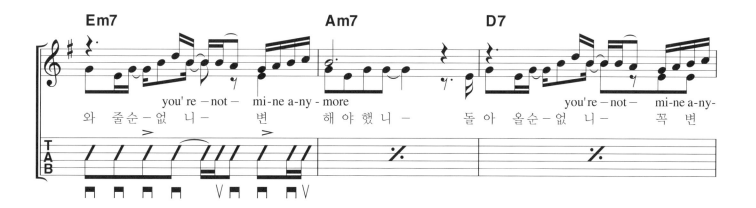

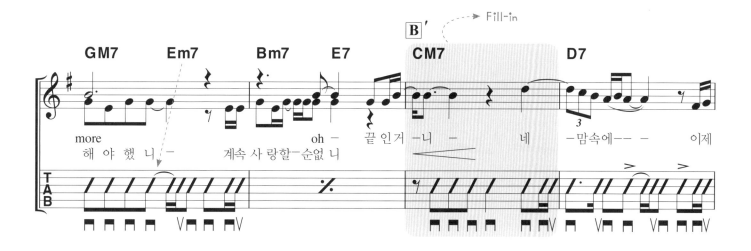

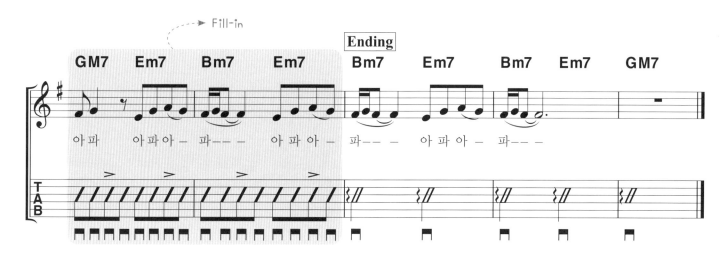

16비트 아르페지오 패턴 (16Beat Arpeggio Pattern)

16비트 아르페지오 패턴은 발라드 등 느린 템포의 음악에서 많이 쓰이는 주법으로 속도를 올리기 위해서는 오른손에 힘을 빼고 가볍고 부드럽게 줄을 튕겨줍니다.

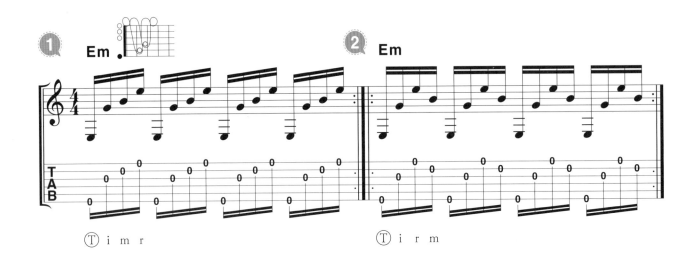

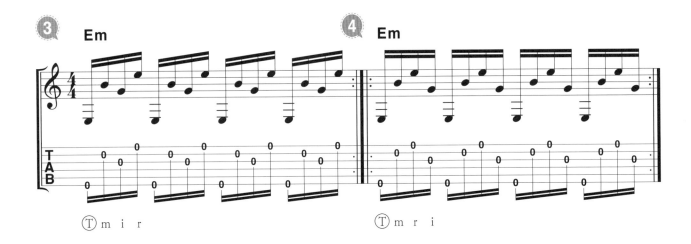

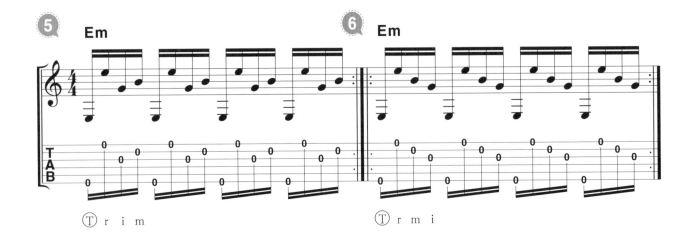

24

다음 페이지 연습곡에 나오는 코드별 아르페지오 패턴을 미리 익혀 봅시다.
모양이 변형된 오픈 코드가 사용된 곡으로 타브 악보와 코드표를 보고 왼손 손가락 번호에 주의해서
연주합시다.

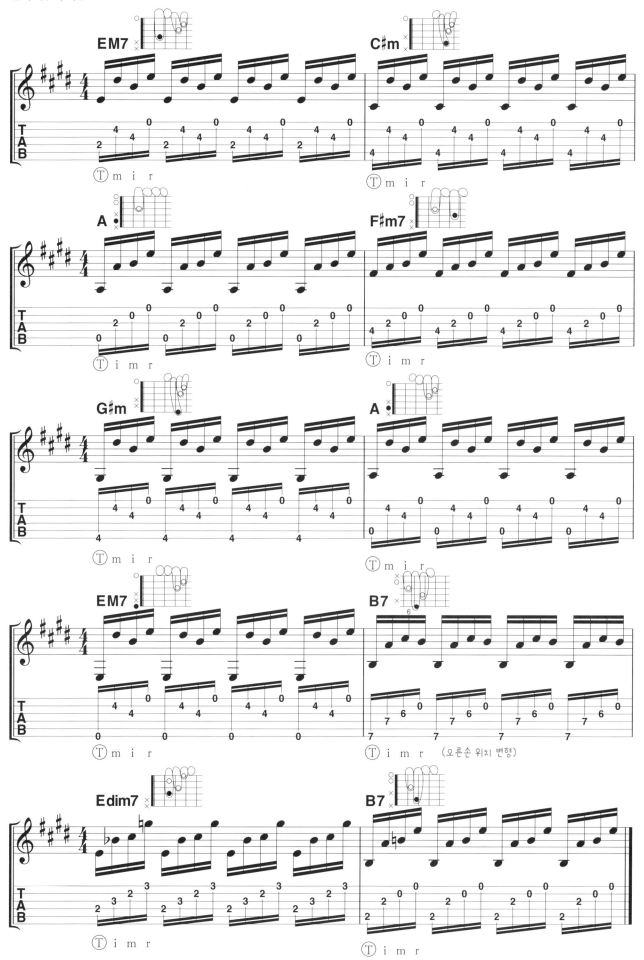

슬픈 인연

박건호 작사 | 김명곤 작곡 | 공일오비 노래

> * 이 곡에 사용되는 코드는 그동안 사용해왔던 코드폼들
> 과 다른 모양이 많으므로, 코드 이름보다 타브 악보와
> 코드표를 보고 연주하세요.

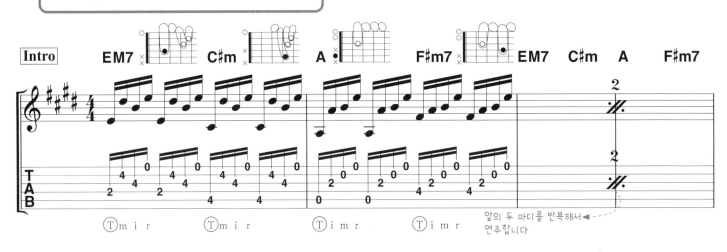

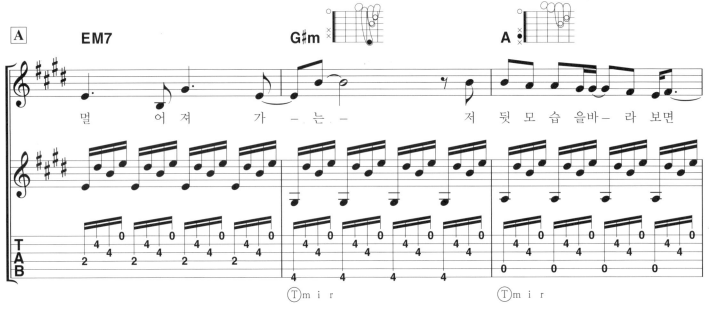

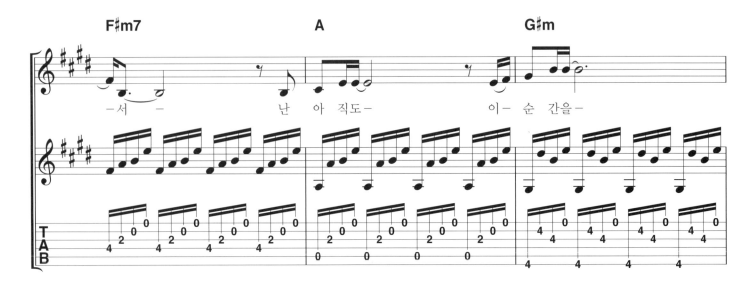

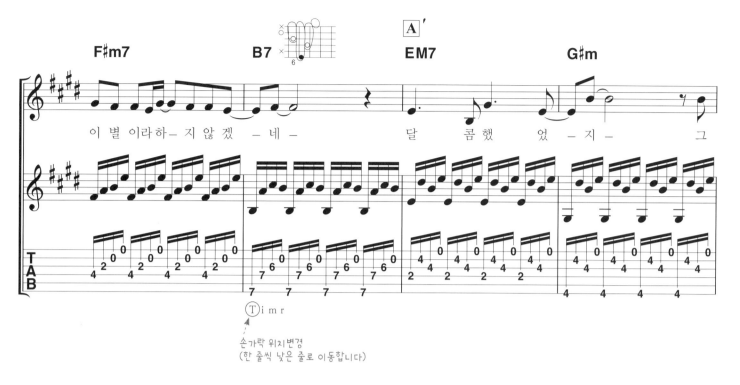

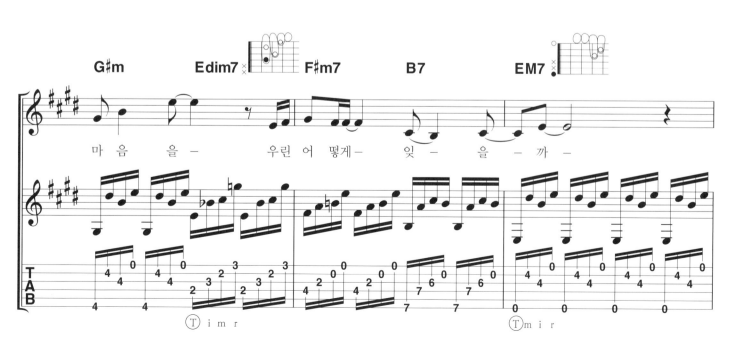

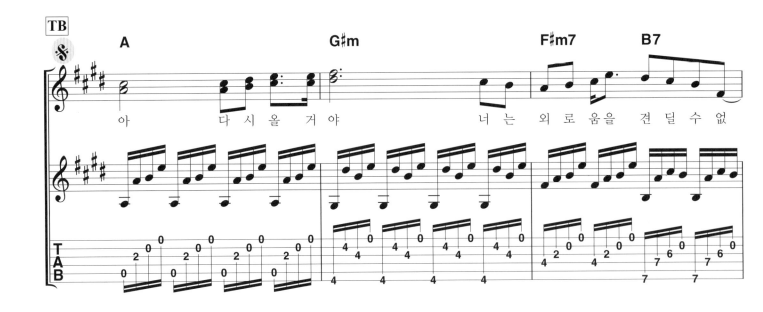

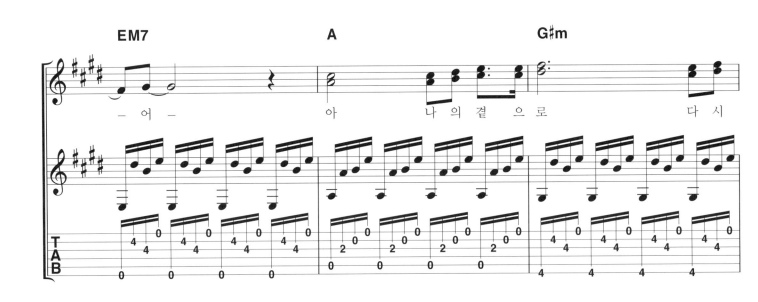

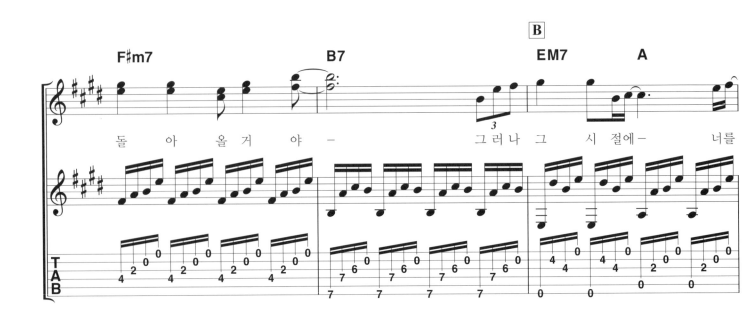

또 만나서 사랑 할수 있을까 흐르는

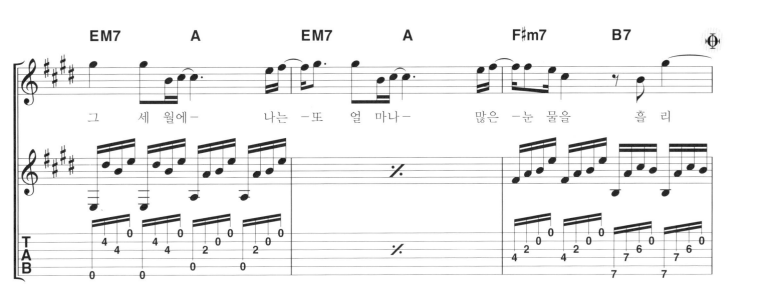

그 세월에 나는 또 얼마나 많은 눈물을 흘리

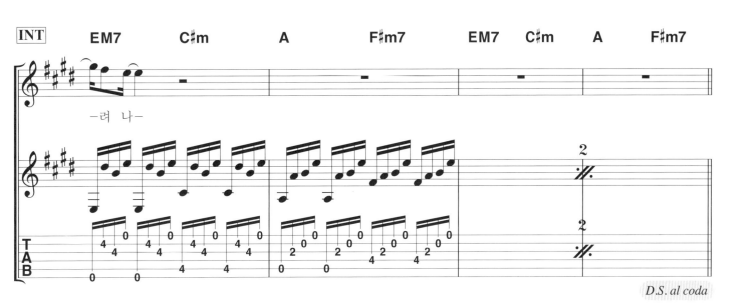

려 나

D.S. al coda

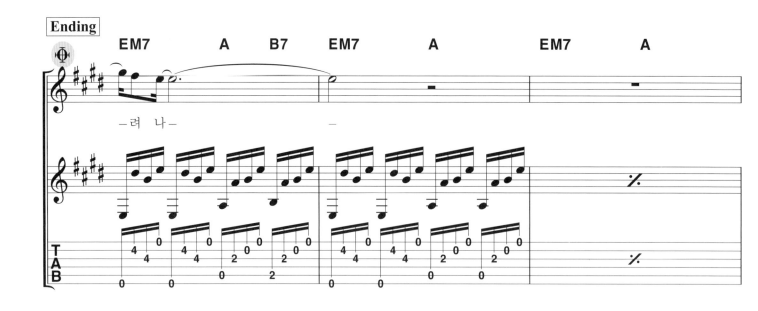

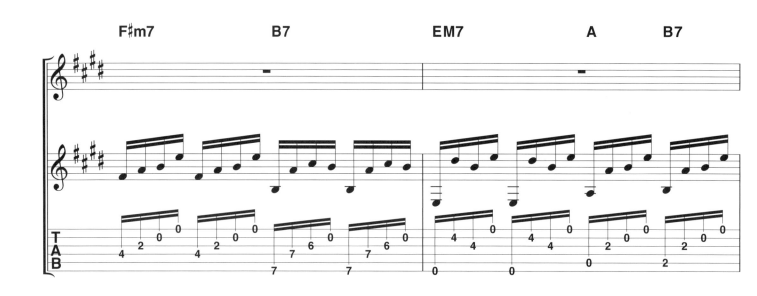

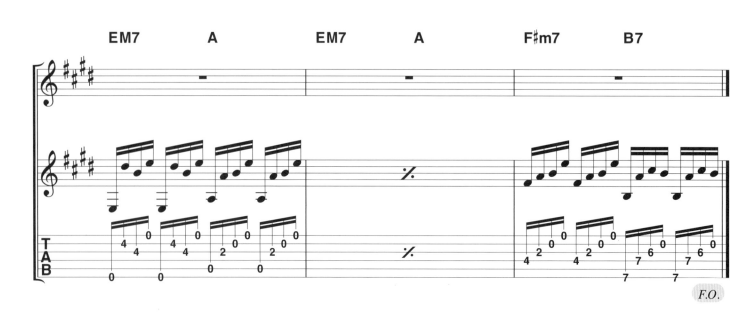

다음 페이지 연습곡에 나오는 코드별 아르페지오 패턴을 미리 익혀 봅시다.
모양이 변형된 오픈 코드가 사용된 곡으로 타브 악보와 코드표를 보고 왼손 손가락 번호에 주의해서
연주합시다.

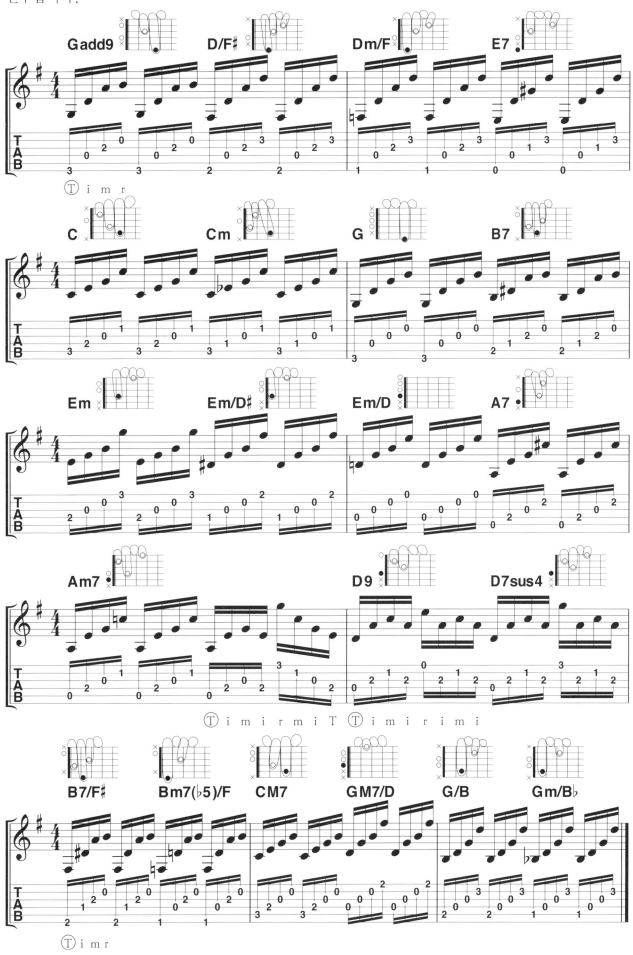

두사람

윤영준 작사 · 작곡 | 성시경 노래

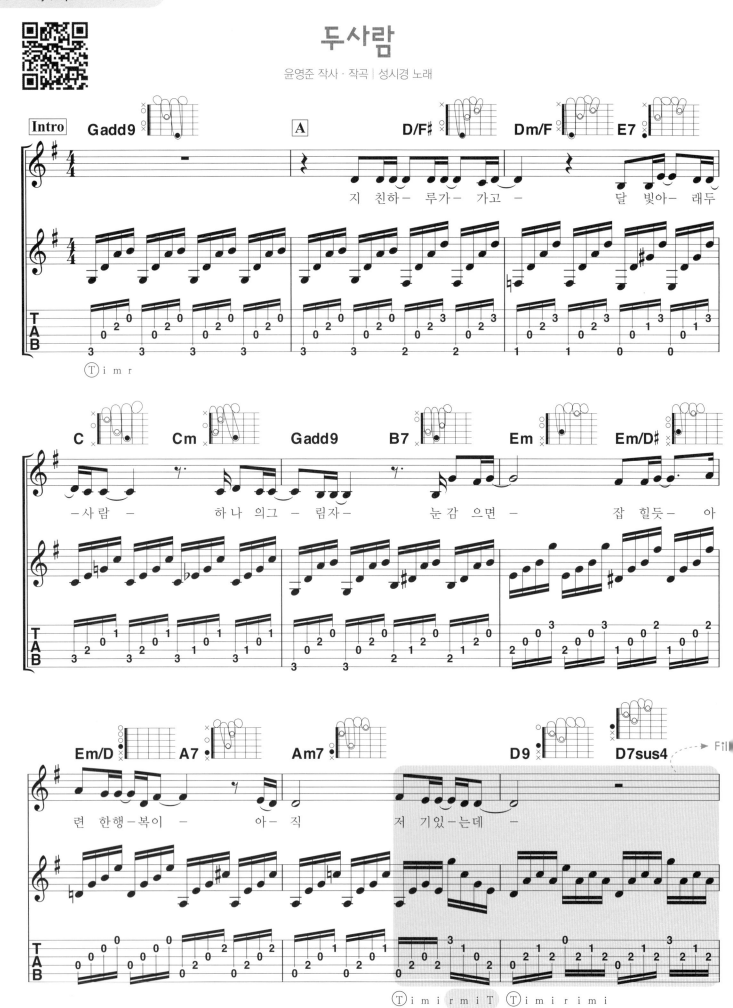

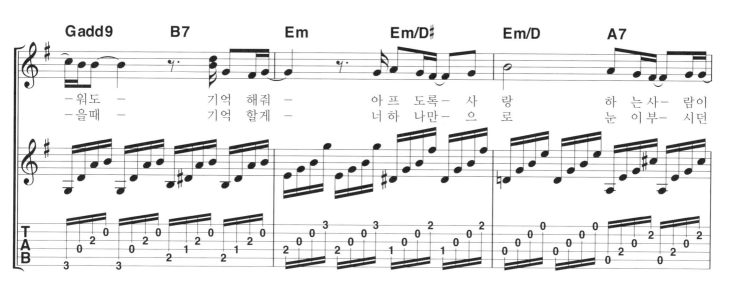

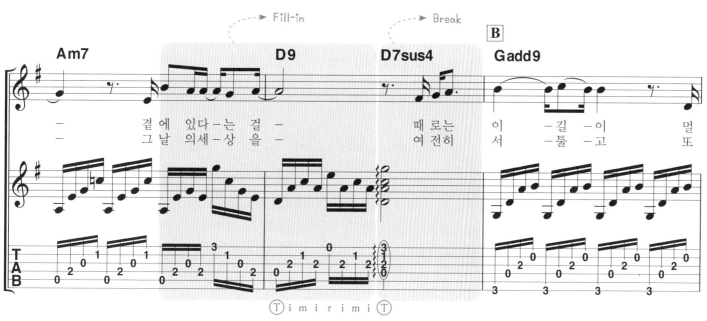

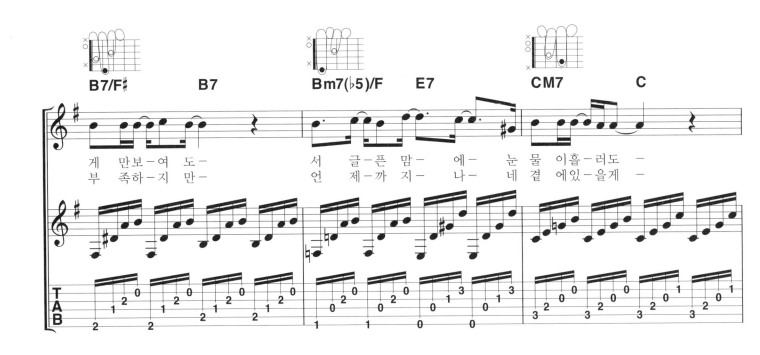

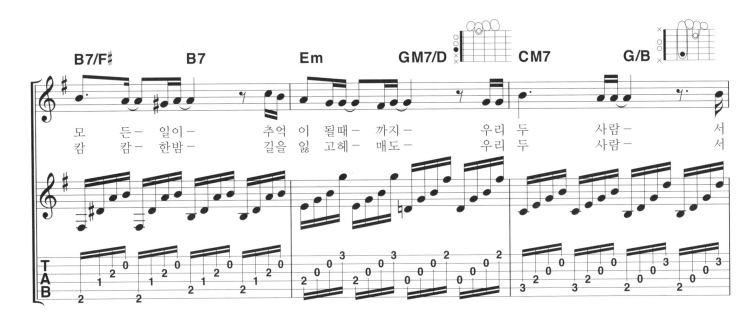

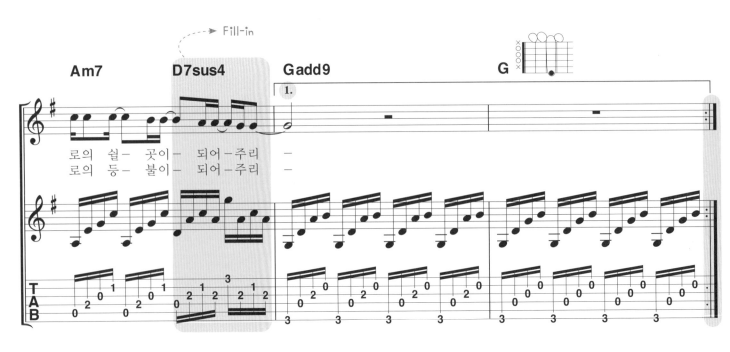

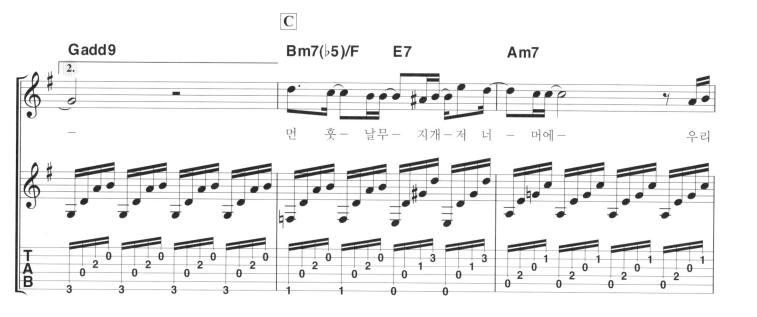

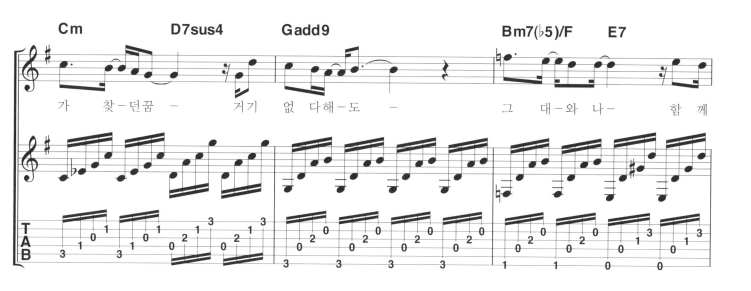

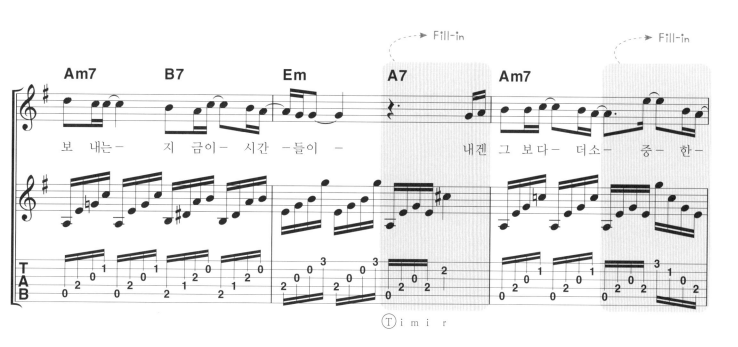

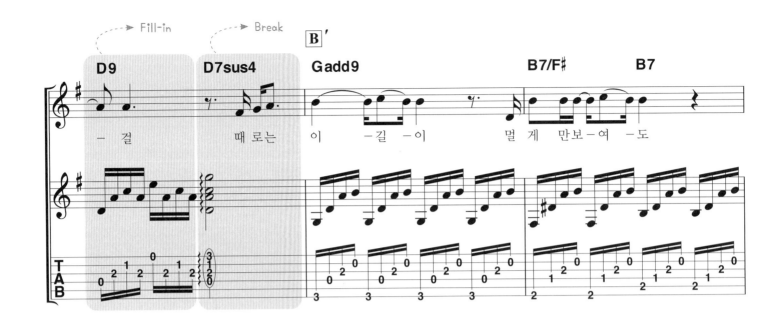

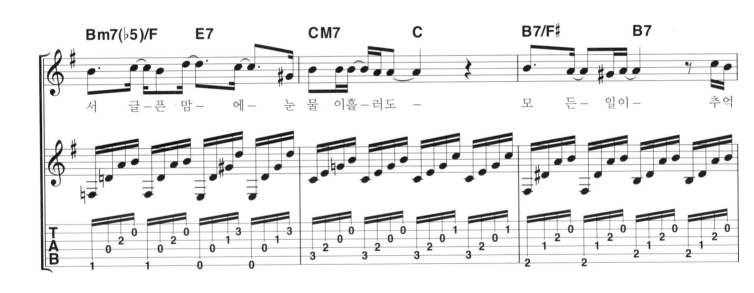

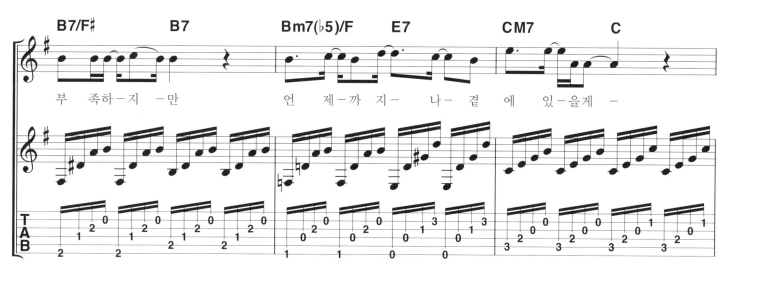

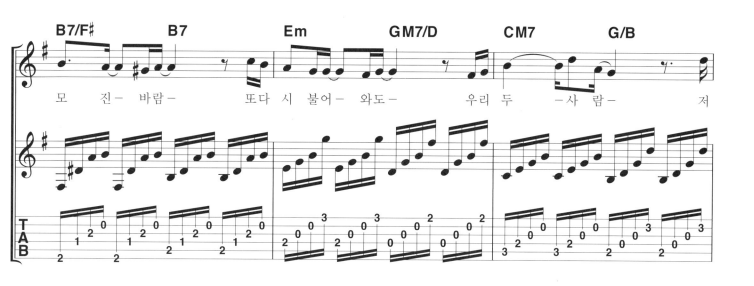

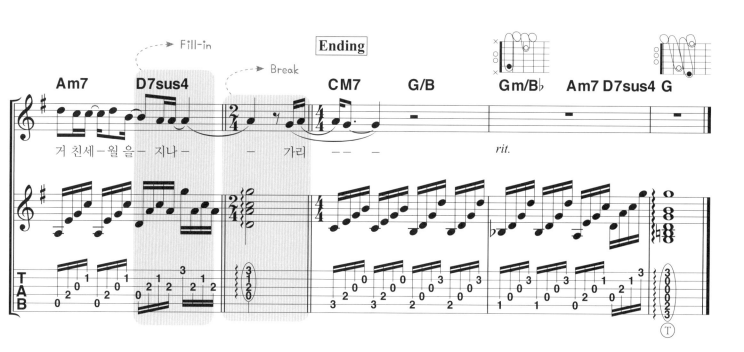

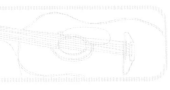

손으로 스트로크 하는 법

피크 없이 손으로 아르페지오 주법을 연주하다가 스트로크 주법으로 바꾸고 싶을 때, 연주가 중단되지 않게 재빨리 피크를 잡아 바로 스트로크를 하는 것은 굉장히 어렵습니다. 이럴 때 손으로 스트로크를 하는 법을 익혀두면 아르페지오에서 스트로크로 자연스럽게 연결시킬 수 있습니다.

손으로 스트로크를 할 때에는 손톱을 피크 대용으로 이용하는데, 다운 스트로크 할 때에는 i, m, r 의 손톱을, 업 스크로크 할 때에는 p(엄지)의 손톱을 이용합니다.

아르페지오할 때처럼 가볍게 주먹을 쥔 모양으로 손을 동그랗게 만들고 엄지 손가락은 곧게 편 후, 손목의 스냅을 이용하여 자연스럽게 아래 · 위로 손을 움직이며 다운 · 업 스트로크를 합니다.

▲i, m, r의 손톱을 이용한 다운 스트로크

▲p의 손톱을 이용한 업 스트로크

악센트를 줄 때에는 구부리고 있던 손가락을 타이밍에 맞추어 힘있게 쭉 펴주면 강한 소리를 낼 수 있습니다.

전체적으로 부드러운 소리를 내고 싶을 때에는 엄지손가락의 안쪽 살 부분을 이용합니다.

손을 이용하여 스트로크를 할 때 손가락 한 개(예를 들면 i 손가락)만을 이용하여 연주할 수도 있으나 손톱에 무리가 갈 수 있고 여러 손가락을 이용하는 것보다 강약 조절이 어렵기 때문에 더욱 다이내믹한 연주를 위해서 오른손 전체 손가락을 이용하길 권장합니다.

아이처럼

김동률 작사 · 작곡 · 노래

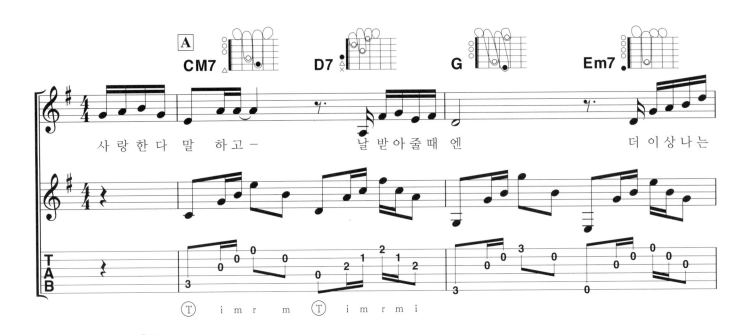

사 랑 한 다 말 하 고 — 날 받 아 줄 때 엔 더 이 상 나 는

바 랄 게 없 다 고 자 신 있 게 말 해 놓 고 — 자 라 나 는 욕 심 에 — 무 안 해 지 지

만 또 하 루 종 일 그 대 의 생 각 에 난 맘 졸 여 요 — 샘 이

Fill-in ◀

손 스트로크를 사용해봅시다 ◀

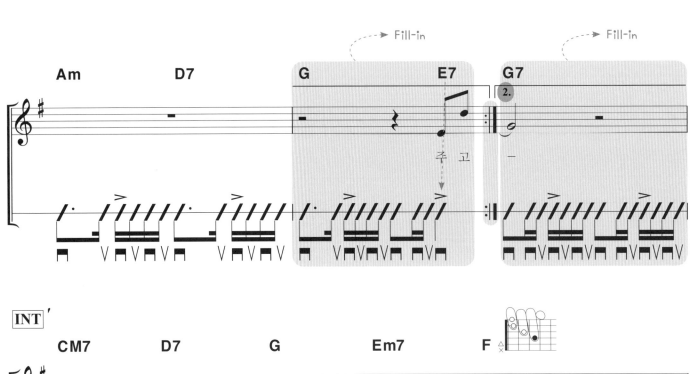

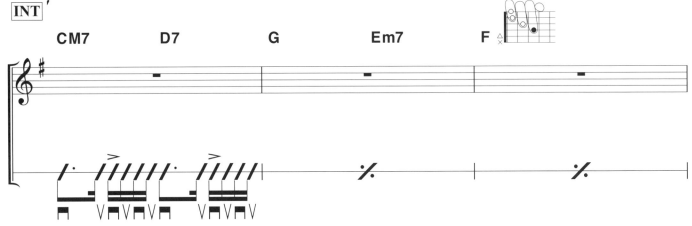

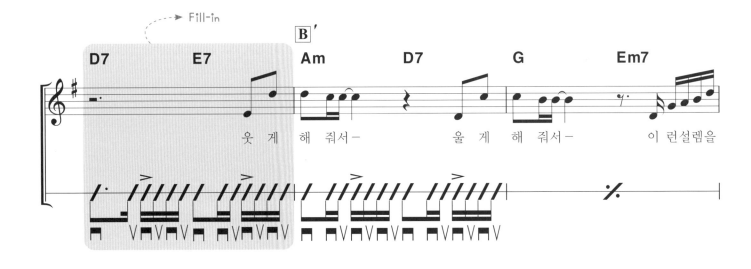

LESSON 2

바 코드
| Bar Chord |

바 코드(Bar Chord)란?

바 코드는 바레 코드(Barre Chord)라고도 하며 손가락으로 바(bar)를 만들어서 잡는 코드입니다. 바는 바레(barre), 세히야(cejilla), 세하(ceja)라고도 하는데, 손가락 하나로 여러 줄을 잡는 기술입니다. 이 바는 오픈 코드 상태에서 너트가 하는 역할을 해줍니다. 바 코드는 넥의 중간부분이나 윗부분을 잡을 수 있는 코드이기 때문에 하이 포지션 코드(High Position Chord) 또는 줄여서 하이 코드(High Chord)라고도 합니다.

오픈 코드처럼 개방음을 이용할 수 없는 코드들은 바 코드로 연주합니다. 샤프(#)나 플랫(♭)이 들어간 코드를 잡을 때나 곡 중간에 조바꿈이 될 때, 코드 사이의 원활한 포지션 이동을 위해서도 바 코드를 사용합니다. 또한 바 코드를 사용하면 커팅, 뮤트 등의 주법을 연주하기도 편리합니다.

▲바 코드의 예

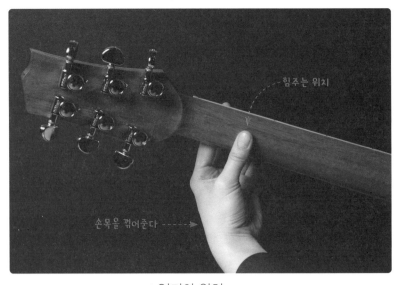

▲엄지의 위치

기타에서는 같은 코드를 여러 위치에서 다양한 모양으로 잡을 수 있는데, 하이포지션에서 잡으면 같은 구성음이지만 더 높은 음을 사용하게 됩니다.

아래 사진은 모두 C코드를 잡은 모습입니다.

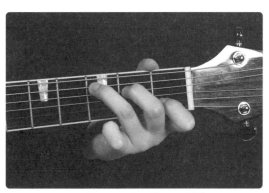
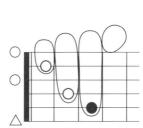
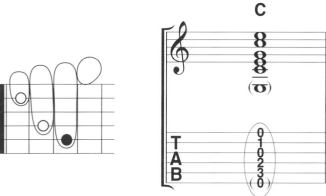

▲오픈 코드 (로우 포지션)

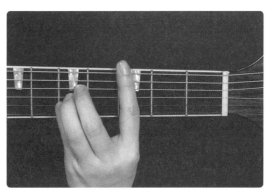
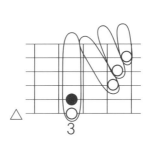
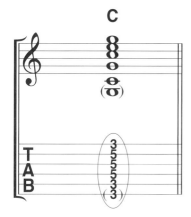

▲바 코드 (하이 포지션: 3프렛)

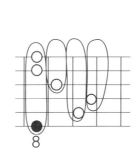
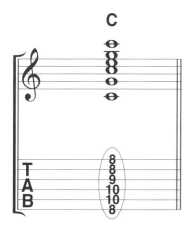

▲바 코드 (하이 포지션: 8프렛)

코드를 옮기는 가장 기본적인 법칙은 가장 가까운 포지션으로 이동하는 것이기 때문에 코드는 되도록 여러 모양을 익혀두는 것이 좋습니다.

⑥번줄에 근음이 있는 바 코드 만들기

1. ⑥번줄에 근음이 있는 메이저 트라이어드(Major Triad, 장3화음)

⑥번줄을 근음으로 사용하는 메이저 트라이어드는 ⑥번줄의 개방음이 E음이므로 E 오픈 코드의 모양을 응용한 것입니다. 너트를 포함한 E코드 모양 그대로 포지션을 이동시킨다고 생각하면 됩니다.

먼저 원하는 코드의 근음을 ⑥번줄에서 찾습니다. 그 음의 자리에서 1번 손가락을 펴서 여섯 줄 모두 바로 잡아준 후 2, 3, 4번 손가락으로 E코드의 모양을 만들어 줍니다. 예를 들어 ⑥번줄을 근음으로 사용하는 G코드를 만들기 위해서는 ⑥번줄의 3프렛(세 번째 칸)이 G음이므로 3프렛에서 1번 손가락으로 바를 만든 후에 4~5프렛에서 2, 3, 4번 손가락으로 E코드 모양을 만듭니다.

▲오픈 코드 (E)

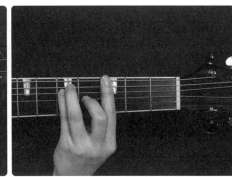
▲3프렛 (G)

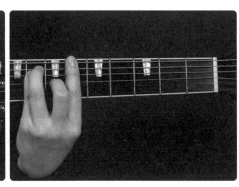
▲6프렛 (B♭)

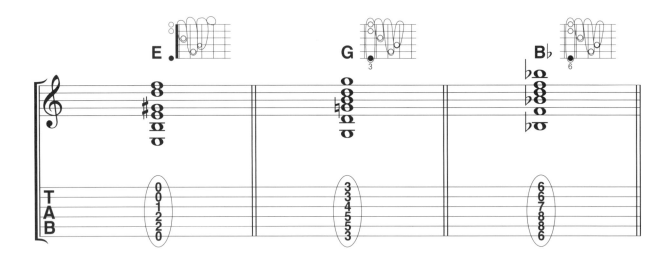

2. ⑥번줄에 근음이 있는 마이너 트라이어드(Minor Triad, 단3화음)

⑥번줄을 근음으로 사용하는 마이너 트라이어드는 ⑥번줄의 개방음이 E음이므로 Em 오픈 코드의 모양을 응용한 것입니다. 너트를 포함한 Em코드 모양 그대로 포지션을 이동시킨다고 생각하면 됩니다.

먼저 원하는 코드의 근음을 ⑥번줄에서 찾습니다. 그 음의 자리에서 1번 손가락을 펴서 여섯 줄 모두 바로 잡아준 후 3, 4번 손가락으로 Em코드의 모양을 만들어 줍니다. 예를 들어 ⑥번줄을 근음으로 사용하는 F#m코드를 만들기 위해서는 ⑥번줄의 2프렛(두 번째 칸)이 F#음이므로 2프렛에서 1번 손가락으로 바를 만든 후에 4프렛에서 3, 4번 손가락으로 Em코드 모양을 만듭니다.

▲오픈 코드 (Em)

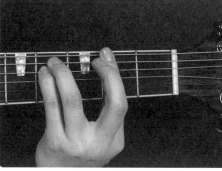
▲2프렛 (F#m)

▲5프렛 (Am)

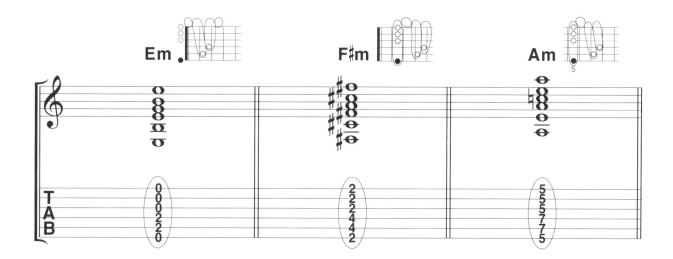

3. ⑥번줄에 근음이 있는 마이너 세븐스 코드(Minor 7th Chord, 단7화음)

⑥번줄을 근음으로 사용하는 마이너 세븐스 코드는 ⑥번줄의 개방음이 E음이므로 Em7 오픈 코드의 모양을 응용한 것입니다. 너트를 포함한 Em7코드 모양 그대로 포시션을 이동시킨다고 생각하면 됩니다.

먼저 원하는 코드의 근음을 ⑥번줄에서 찾습니다. 그 음의 자리에서 1번 손가락을 펴서 여섯 줄 모두 바로 잡아준 후 3번 손가락으로 Em7코드의 모양을 만들어 줍니다. 예를 들어 ⑥번줄을 근음으로 사용하는 Bm7 코드를 만들기 위해서는 ⑥번줄의 7프렛(일곱 번째 칸)이 B음이므로 7프렛에서 1번 손가락으로 바를 만든 후에 9프렛에서 3번 손가락으로 Em7코드 모양을 만듭니다.

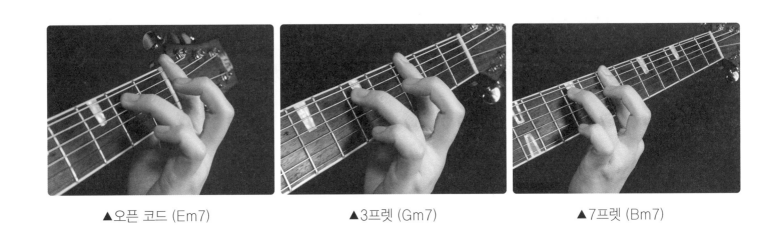

▲오픈 코드 (Em7)   ▲3프렛 (Gm7)   ▲7프렛 (Bm7)

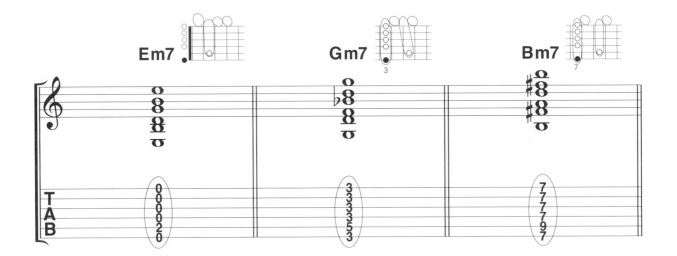

4. ⑥번줄에 근음이 있는 도미넌트 세븐스 코드(Dominant 7th Chord, 속7화음)

 ⑥번줄을 근음으로 사용하는 도미넌트 세븐스 코드는 ⑥번줄의 개방음이 E음이므로 E7 오픈 코드의 모양을 응용한 것입니다. 너트를 포함한 E7코드 모양 그대로 포지션을 이동시킨다고 생각하면 됩니다.

먼저 원하는 코드의 근음을 ⑥번줄에서 찾습니다. 그 음의 자리에서 1번 손가락을 펴서 여섯 줄 모두 바로 잡아준 후 2, 3번 손가락으로 E7코드의 모양을 만들어 줍니다. 예를 들어 ⑥번줄을 근음으로 사용하는 A♭7 코드를 만들기 위해서는 ⑥번줄의 4프렛(네 번째 칸)이 A♭음이므로 4프렛에서 1번 손가락으로 바를 만든 후에 5~6프렛에서 2, 3번 손가락으로 E7코드 모양을 만듭니다.

▲오픈 코드 (E7)

▲1프렛 (F7)

▲4프렛 (A♭7)

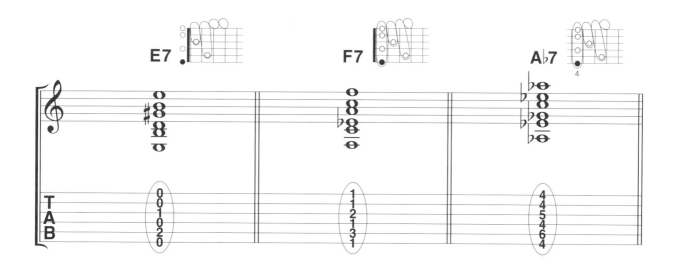

다음 예제를 보고 ⑥번줄에 근음이 있는 바 코드를 만들어 봅시다.

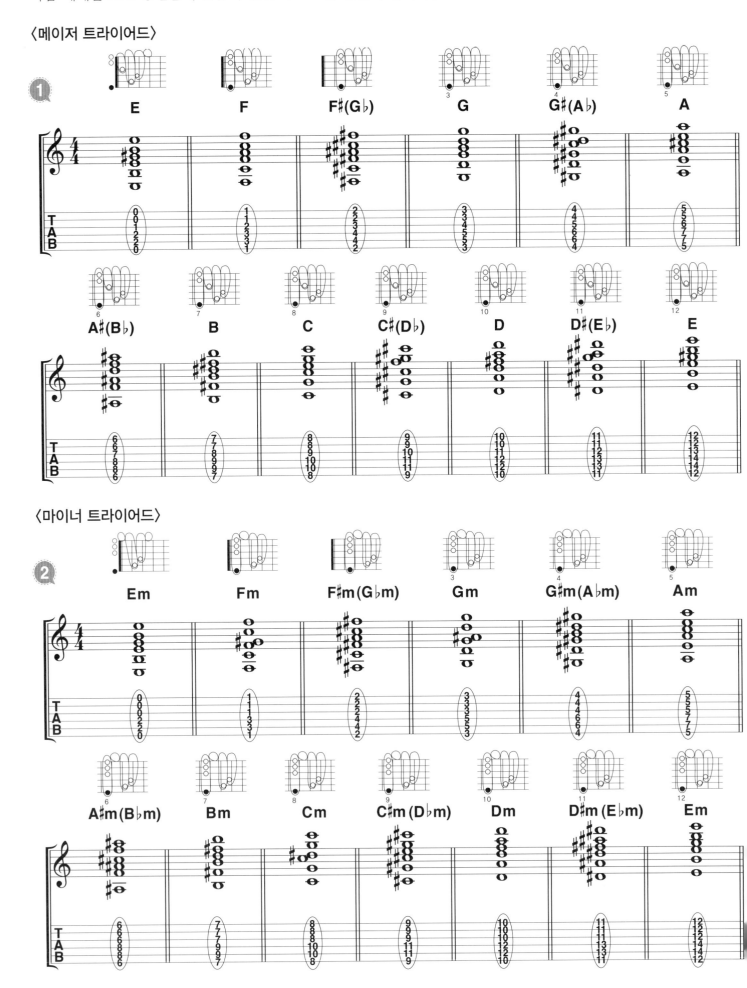

〈메이저 트라이어드〉

〈마이너 트라이어드〉

〈마이너 세븐스 코드〉

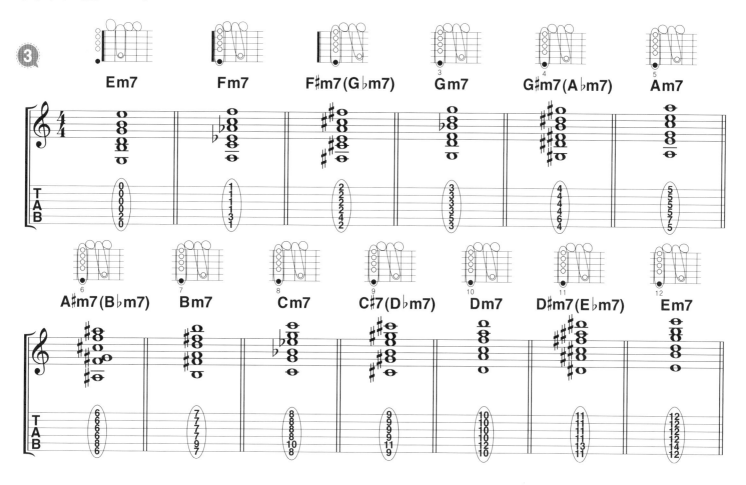

〈도미넌트 세븐스 코드〉

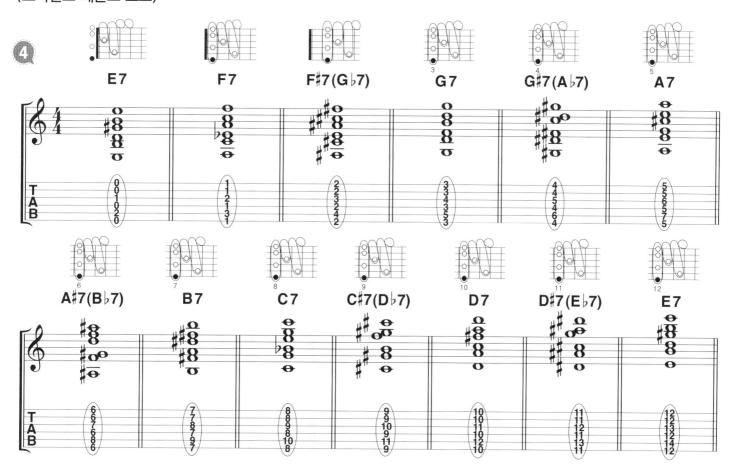

⑤번줄에 근음이 있는 바 코드 만들기

1. ⑤번줄에 근음이 있는 메이저 트라이어드(Major Triad, 장3화음)

⑤번줄을 근음으로 사용하는 메이저 트라이어드는 ⑤번줄의 개방음이 A음이므로 A 오픈 코드의 모양을 응용한 것입니다. 너트를 포함한 A코드 모양 그대로 포지션을 이동시킨다고 생각하면 됩니다.

먼저 원하는 코드의 근음을 ⑤번줄에서 찾습니다. 그 음의 자리에서 1번 손가락을 펴서 여섯 줄 모두 바로 잡아준 후 2, 3, 4번 손가락으로 A코드의 모양을 만들어줍니다. 예를 들어 ⑤번줄을 근음으로 사용하는 C#코드를 만들기 위해서는 ⑤번줄의 4프렛(네 번째 칸)이 C#음이므로 4프렛에서 1번 손가락으로 바를 만든 후에 6프렛에서 2, 3, 4번 손가락으로 A코드 모양을 만듭니다.

▲오픈 코드 (A)

▲4프렛 (C#)

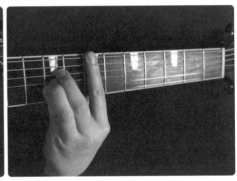
▲7프렛 (E)

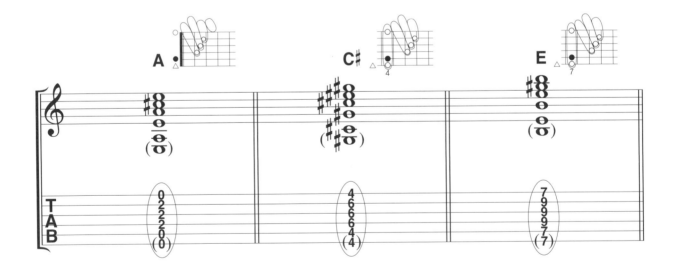

54

2. ⑤번줄에 근음이 있는 마이너 트라이어드(Minor Triad, 단3화음)

⑤번줄을 근음으로 사용하는 마이너 트라이어드는 ⑤번줄의 개방음이 A음이므로 Am 오픈 코드의 모양을 응용한 것입니다. 너트를 포함한 Am코드 모양 그대로 포지션을 이동시킨다고 생각하면 됩니다.

먼저 원하는 코드의 근음을 ⑤번줄에서 찾습니다. 그 음의 자리에서 1번 손가락을 펴서 여섯 줄 모두 바로 잡아준 후 2, 3, 4번 손가락으로 Am코드의 모양을 만들어줍니다. 예를 들어 ⑤번줄을 근음으로 사용하는 E♭m코드를 만들기 위해서는 ⑤번줄의 6프렛(여섯 번째 칸)이 E♭음이므로 6프렛에서 1번 손가락으로 바를 만든 후에 7~8프렛에서 2, 3, 4번 손가락으로 Am코드 모양을 만듭니다.

▲오픈 코드 (Am)

▲2프렛 (Bm)

▲6프렛 (E♭m)

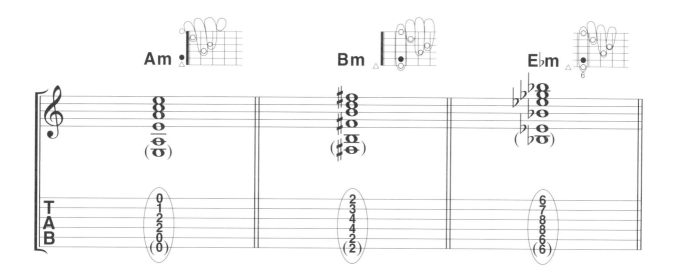

3. ⑤번줄에 근음이 있는 마이너 세븐스 코드(Minor 7th Chord, 단7화음)

⑤번줄을 근음으로 사용하는 마이너 세븐스 코드는 ⑤번줄의 개방음이 A음이므로 Am7 오픈 코드의 모양을 응용한 것입니다. 너트를 포함한 Am7코드 모양 그대로 포지션을 이동시킨다고 생각하면 됩니다.

먼저 원하는 코드의 근음을 ⑤번줄에서 찾습니다. 그 음의 자리에서 1번 손가락을 펴서 여섯 줄 모두 바로 잡아준 후 2, 3번 손가락으로 Am7코드의 모양을 만들어 줍니다. 예를 들어 ⑤번줄을 근음으로 사용하는 Cm코드를 만들기 위해서는 ⑤번줄의 3프렛(세 번째 칸)이 C음이므로 3프렛에서 1번 손가락으로 바를 만든 후에 4~5프렛에서 2, 3번 손가락으로 Am7코드 모양을 만듭니다.

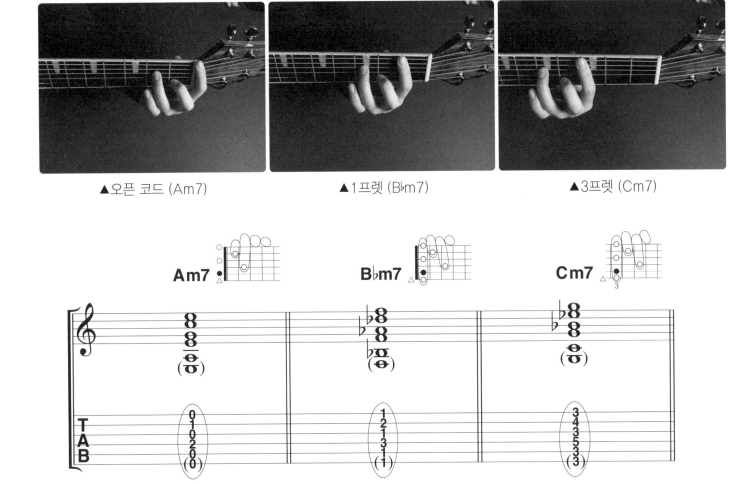

▲오픈 코드 (Am7)　　　　▲1프렛 (B♭m7)　　　　▲3프렛 (Cm7)

56

4. ⑤번 줄에 근음이 있는 도미넌트 세븐스 코드(Dominant 7th Chord, 속7화음)

⑤번줄을 근음으로 사용하는 도미넌트 세븐스 코드는 ⑤번줄의 개방음이 A음이므로 A7 오픈 코드의 모양을 응용한 것입니다. 너트를 포함한 A7코드 모양 그대로 포지션을 이동시킨다고 생각하면 됩니다.

먼저 원하는 코드의 근음을 ⑤번줄에서 찾습니다. 그 음의 자리에서 1번 손가락을 펴서 여섯 줄 모두 바로 잡아준 후 3, 4번 손가락으로 A7코드의 모양을 만들어 줍니다. 예를 들어 ⑤번줄을 근음으로 사용하는 D7 코드를 만들기 위해서는 ⑤번줄의 5프렛(다섯 번째 칸)이 D음이므로 5프렛에서 1번 손가락으로 바를 만든 후에 7프렛에서 3, 4번 손가락으로 A7코드 모양을 만듭니다.

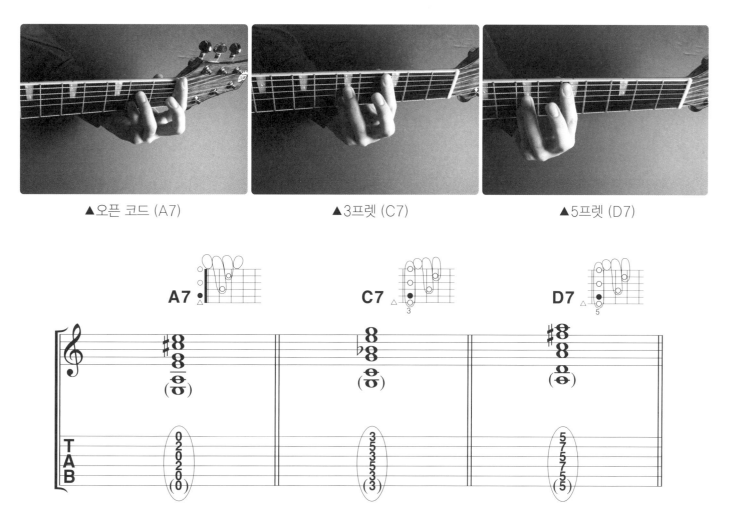

▲오픈 코드 (A7)　　　　　▲3프렛 (C7)　　　　　▲5프렛 (D7)

다음 예제를 보고 ⑤번줄에 근음이 있는 바 코드를 만들어 봅시다.

〈메이저 트라이어드〉

〈마이너 세븐스 코드〉

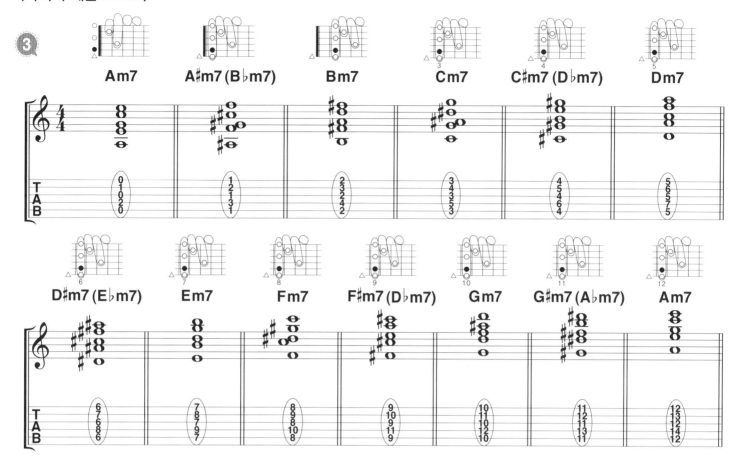

〈도미넌트 세븐스 코드〉

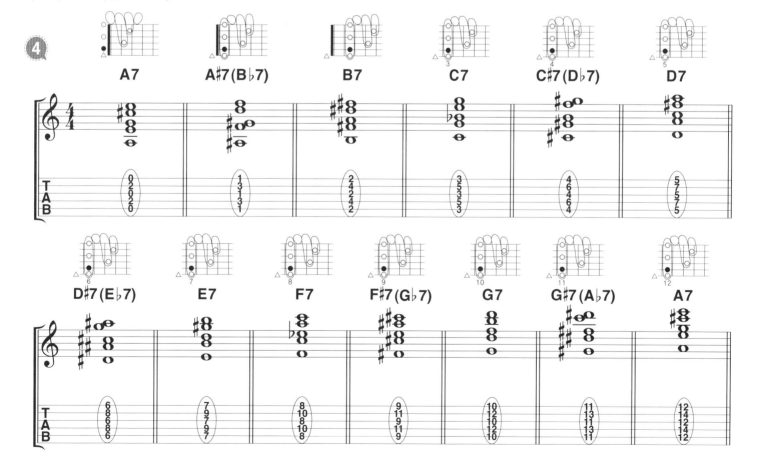

⑤번줄에 근음이 있는 바 코드를 연주할 때는 1번 손가락의 위치에 주의해야 합니다. 1번 손가락으로 바를 만들 때 ⑤번줄까지만 잡으면 ⑥번줄의 개방음이 울려서 불협화음이 될 수 있기 때문입니다.

▲올바르지 못한 자세

가장 좋은 방법은 1번 손가락의 끝을 ⑥번줄에 살짝 닿게 해서 ⑥번줄의 음을 뮤트시키는 것입니다.

▲⑥번줄 뮤트시키기

이 방법이 힘들다면 1번 손가락으로 ⑥번줄까지 눌러서 ⑥번줄의 음이 울리도록 하는 방법도 있습니다. ⑥번줄의 음은 코드의 구성음이기 때문에 불협화음이 되지 않습니다. 중요한 것은 ⑥번줄 개방음이 울리지 않도록 조심하는 것입니다.

▲⑥번줄 울리게 하기

지금까지 ⑤번줄(A코드 계열)과 ⑥번줄(E코드 계열)의 각각 12개의 음을 근음으로 하는 메이저 트라이어드, 마이너 트라이어드, 마이너 세븐스, 도미넌트 세븐스의 네 가지 종류의 코드를 바 코드로 잡는 법을 연습해 보았습니다. 이렇게 해서 결과적으로 총 96개의 바 코드를 연주할 수 있게 되었습니다.

A코드 계열과 E코드 계열의 8가지 바 코드 모양이 만들어지는 원리를 정확히 이해하고 있다면 앞으로 배우게 될 더 많은 다양한 바 코드들도 쉽게 만들 수 있습니다.

* 바 코드 만드는 법 정리

1. 코드의 근음이 ⑤번줄과 ⑥번줄에서 어디에 위치하는지를 찾는다.
2. 1번에서 찾은 ⑤번줄과 ⑥번줄의 음들 중에서 바로 앞의 코드와 더 가까운 곳에 있는 음으로 정한다.
3. 2번에서 정한 음이 있는 프렛에 1번 손가락으로 바를 만들어 누르고 나머지 손가락은 ⑤번줄에 있으면 A계열 모양을, ⑥번줄에 있으면 E계열 모양을 만든다.

예) B7(오픈 코드)에서 C#m(바 코드)로 바꿀 때,
  1. C#은 ⑤번줄 4프렛과 ⑥번줄 9프렛에 있음
  2. B7의 근음은 ⑤번줄 2프렛에 있으므로 더 가까운 ⑤번줄 4프렛 C#을 사용하기로 결정
  3. 1번 손가락으로 바를 만들어 4프렛 전체를 누르고 나머지 손가락은 ⑤번줄 근음이므로 Am모양을 만들어 줌

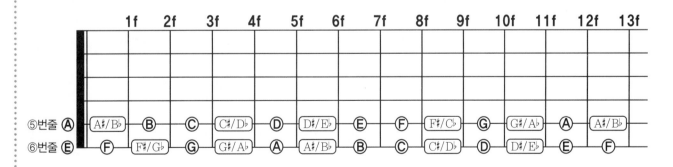

☆ ⑤번줄과 ⑥번줄의 음이름

⑤번줄과 ⑥번줄에 근음이 있는 코드를 만들 때에는 각 줄의 음이름을 모두 알고 있어야 코드를 쉽게 만들 수 있습니다.
아래의 그림을 보고 ⑤번줄과 ⑥번줄의 음이름을 꼭 암기하도록 합시다.

예) ⑤번줄의 6프렛(여섯 번째 칸)에 위치한 음의 이름 = D#(레#) 또는 E♭(미♭)
   ⑥번줄의 3프렛(세 번째 칸)에 위치한 음의 이름 = G(솔)

너를 위해

채정은 작사 | 신재홍 작곡 | 임재범 노래

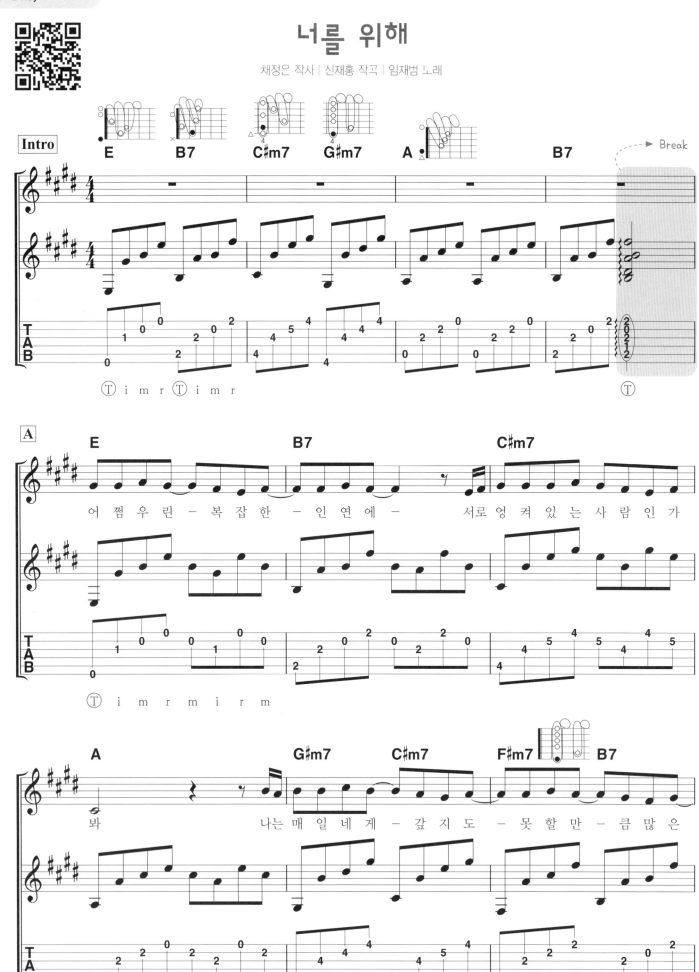

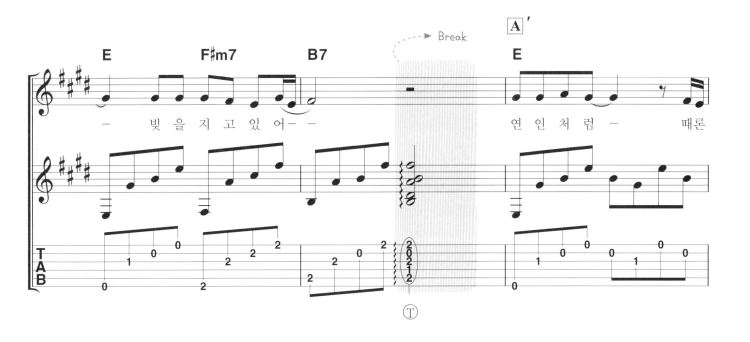

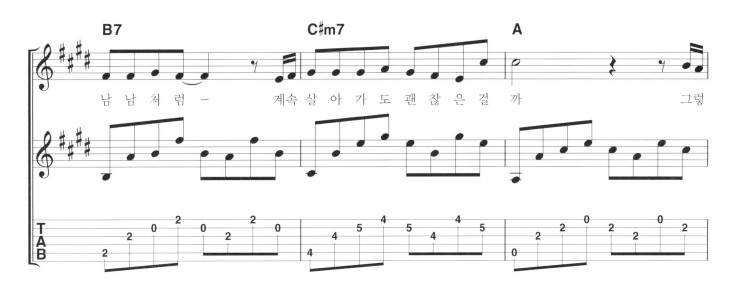

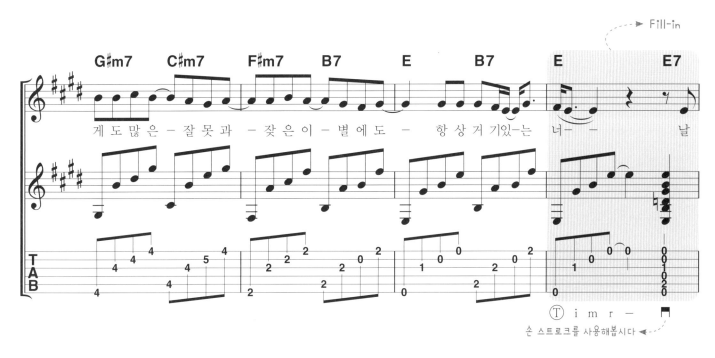

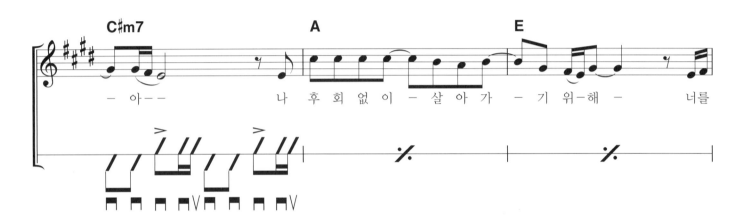

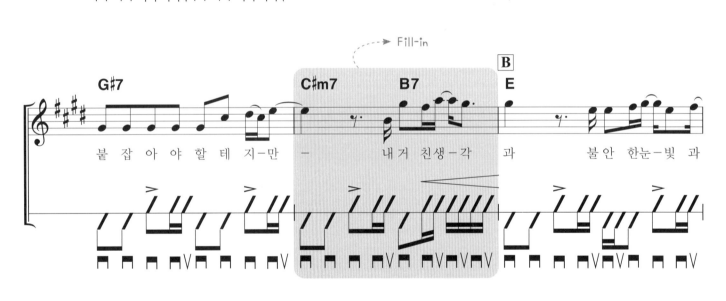

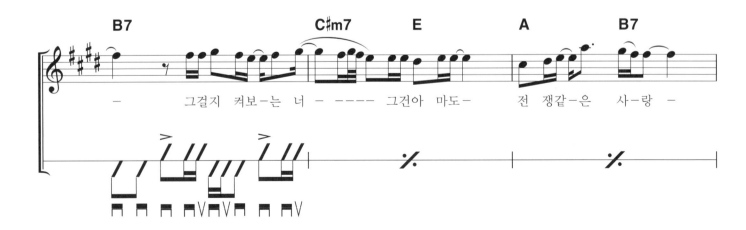

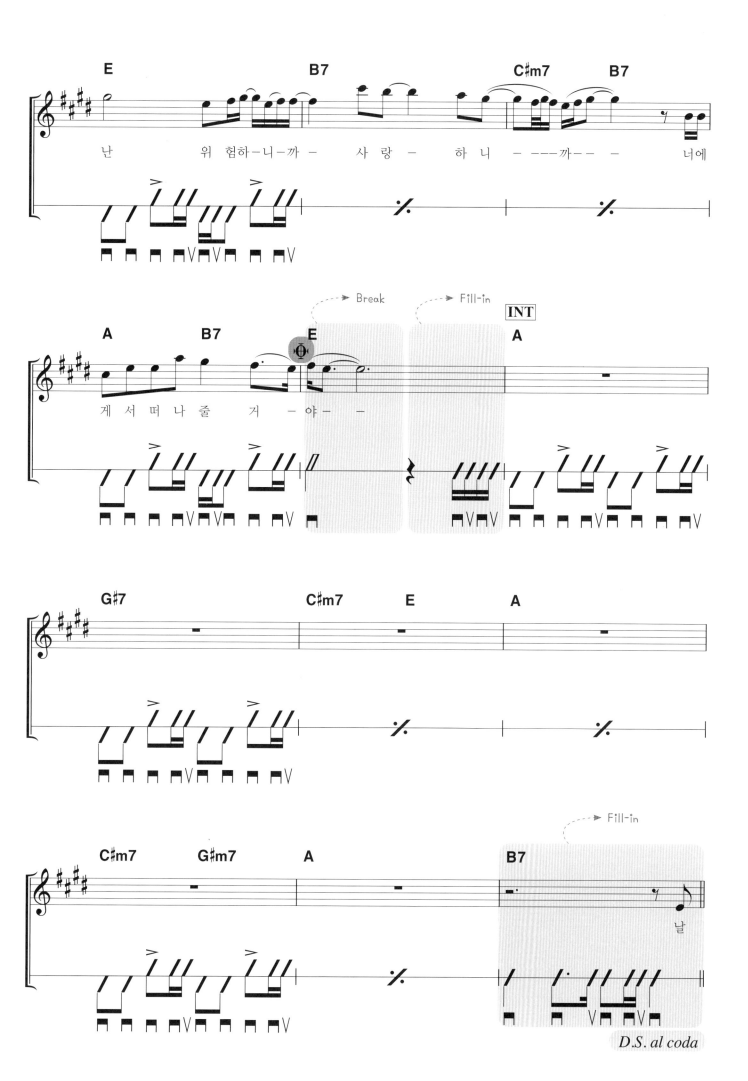

난   위 험하-니-까 -   사 랑 - 하 니 - - -까- -   너에

게 서 떠 나 줄   거 - 야 - -

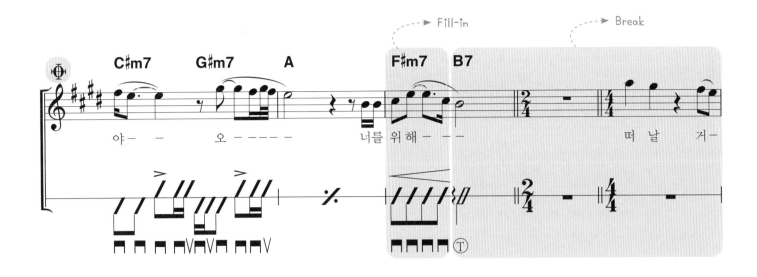

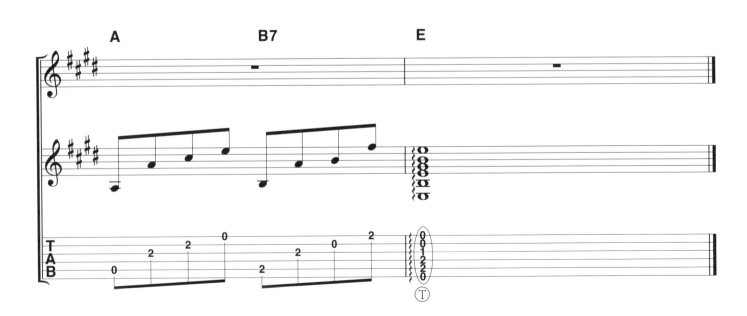

미스터

송수윤, 한재호, 김승수 작사 | 한재호, 김승수 작곡 | 카라 노래

* 노래 멜로디처럼 코드도 반박자씩 당겨서
  싱커페이션 리듬으로 연주하세요.

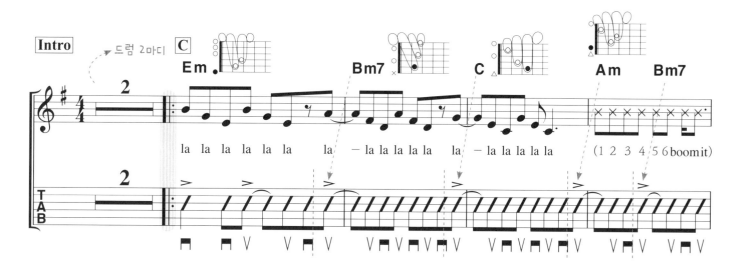

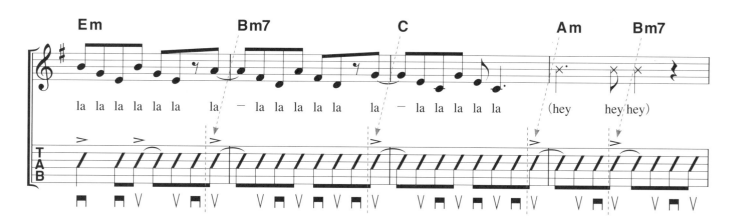

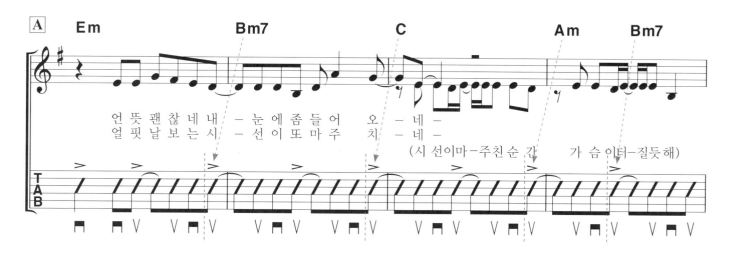

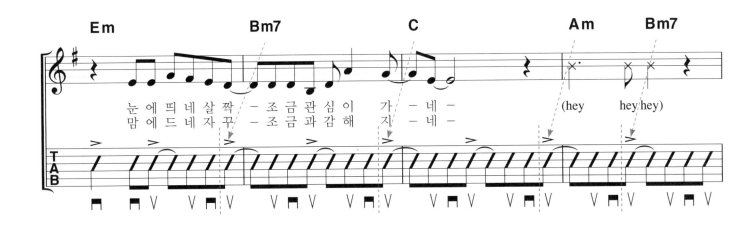

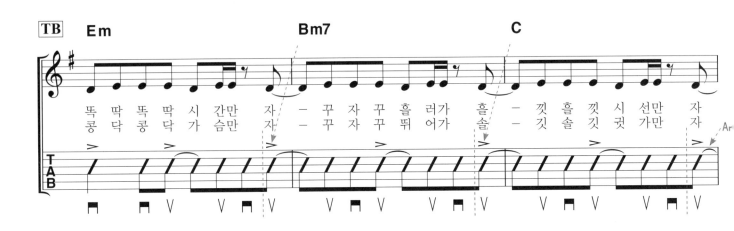

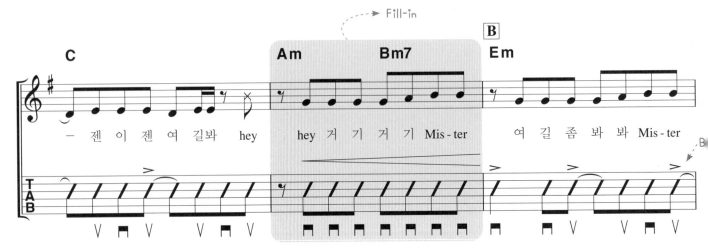

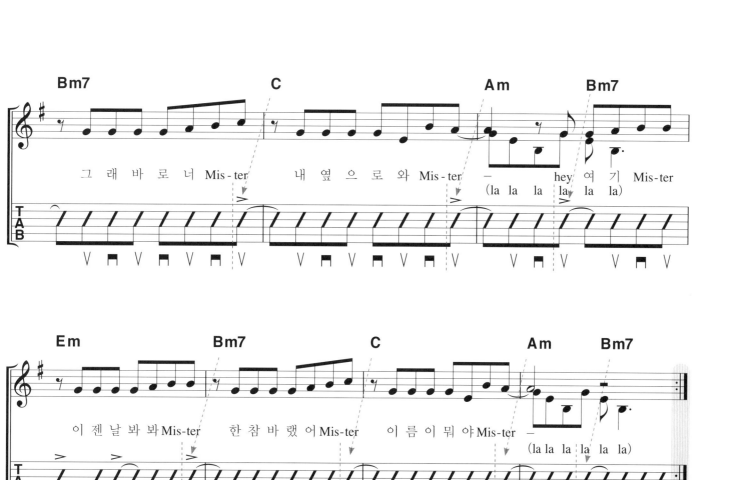

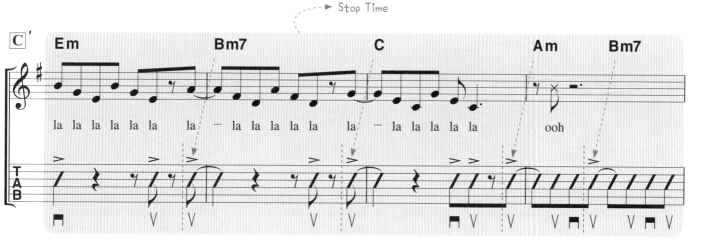

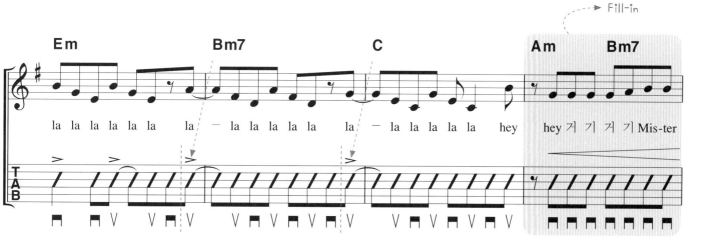

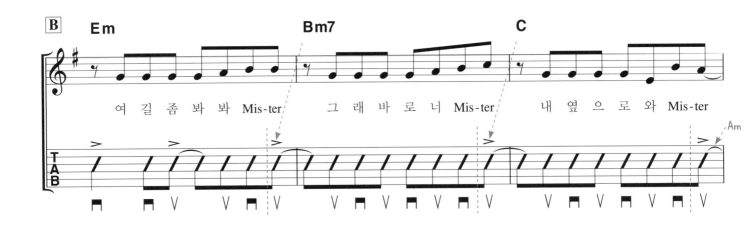

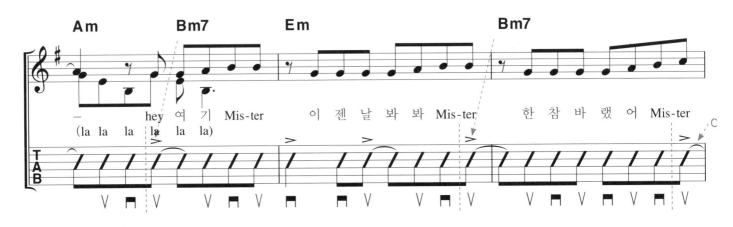

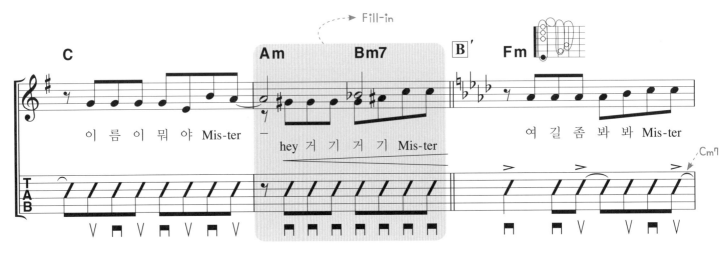

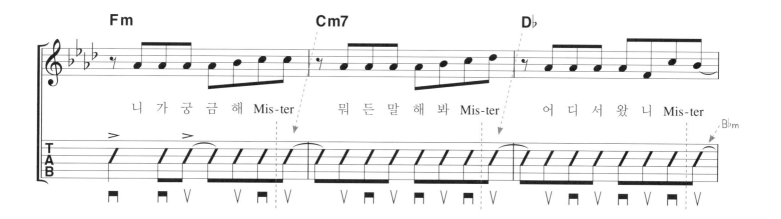

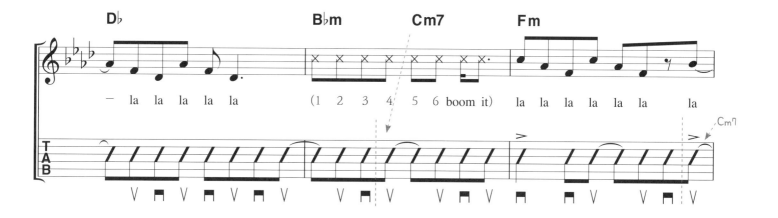

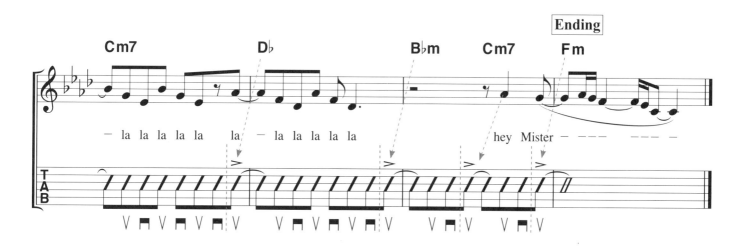

LESSON 3

코드 체인지
| Chord Change |

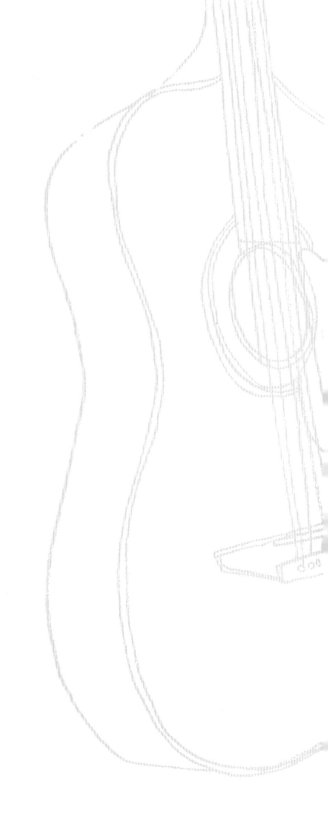

오픈 코드에서 바 코드로 바꾸는 방법

실제로 연주를 할 때는 오픈 코드와 바 코드를 섞어서 사용하게 됩니다.
그렇다면 어떻게 해야 다음 코드로 빨리 이동할 수 있을까요?

E코드에서 F코드로 바꾸는 것을 예로들어 설명하겠습니다.

① E코드(오픈 코드)를 잡습니다.

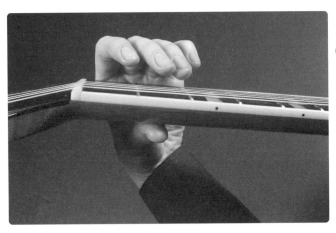

② 사진처럼 손목이 아래로 꺾이면서 1, 2, 3번 손가락을
지판에서 떼 줍니다.

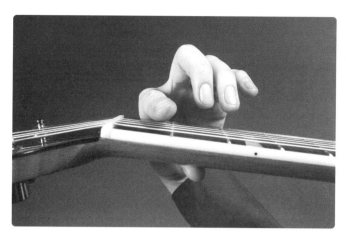

③ 엄지손가락을 넥의 중간부분까지 이동시키면서 1번 손가락을 쭉 폅니다.

④ 1번 손가락으로 1프렛에 바를 만든 후 공중에서 나머지 손가락의 모양을 만들어 줍니다. 처음에는 저음줄부터 차례로 3번, 4번, 2번 손가락을 하나씩 누르고 나중에 익숙해진 후에는 2번, 3번, 4번 손가락을 모아 모양을 만든 후 동시에 누릅니다.

⑤ F코드(바 코드)를 잡습니다. 처음에는 어려울 수 있지만 익숙해지면 한 번에 빨리 잡을 수 있게 됩니다. 능숙하게 할 수 있을 때까지는 천천히 연습하는 것이 좋습니다.

바 코드에서 바 코드로 바꾸는 방법

바 코드에서 바 코드로 이동할 때는 손을 지판에서 완전히 떼지 않고 손 모양을 그대로 유지한 채 이동합니다. 특히 1번 손가락에 힘을 주면서 이동해야 깨끗한 소리가 납니다.

1. 코드폼이 같은 바 코드의 포지션 이동

예를 들어 G♭코드에서 A♭코드로 이동한다고 하면, 두 코드의 모양이 같기 때문에 코드 모양을 유지한 채 옆으로 두 칸만 이동하면 됩니다.

깨끗한 소리를 내기 위해서는 줄에서 왼손이 떨어지지 않도록 힘있게 누른 상태로 이동하는 것이 가장 좋습니다. 계속 힘을 주고 있는 것이 어렵다면 코드 모양은 유지한 채로 힘을 살짝 뺀 다음, 줄에 손이 닿아 있는 상태로 옆으로 이동한 뒤에 다시 힘을 줍니다. 포지션을 이동할 때는 엄지손가락까지 같이 동시에 이동해야 합니다.

① G♭코드를 잡습니다.

② 모양을 유지한 채 힘을 주어 옆으로 이동하여 A♭코드를 잡습니다.

2. 포지션이 같은 바 코드의 코드폼 변경

이번에는 B♭코드에서 E♭코드로 이동하는 경우를 예로 들어 설명하겠습니다.

B♭코드는 ⑥번줄에 근음이 있고 E♭코드는 ⑤번줄에 근음이 있기 때문에 코드 모양이 다릅니다. 하지만 두 코드가 같은 프렛 위에 있으므로 1번 손가락은 힘을 빼지 말고 그대로 둔 채로 나머지 손가락들만 E코드 모양에서 A코드 모양으로 빨리 바꿔주면 됩니다. 이때 왼손의 손목을 살짝 틀어주면 좀 더 쉽게 바꿀 수 있습니다.

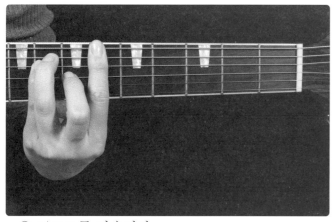
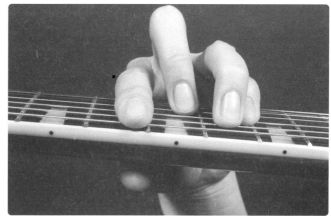

① B♭코드를 잡습니다.

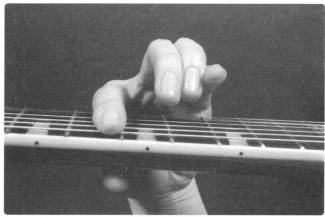

② 1번 손가락은 계속 누르고 있으면서 나머지 손가락은 공중에서 바뀔 코드의 모양을 만듭니다.

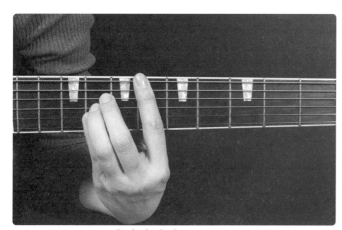
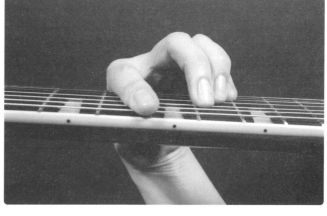

③ E♭코드를 완성합니다.

3. 코드폼이 다른 바 코드의 포지션 이동

F#코드에서 C#코드로 이동하는 것을 예로 설명하겠습니다.

F#코드를 잡은 상태에서 1번 손가락의 힘을 유지한 채 그대로 옆으로 밀어서 이동합니다. 그리고 이동하는 사이에 나머지 손가락을 E코드 모양에서 살짝 들어서 A코드 모양으로 바꿔줍니다.

손에 힘이 부족한 초보자의 경우에는 손가락이 줄에 닿아 있을 정도로만 살짝 힘을 뺀 뒤에 그대로 모양을 유지한 채 이동한 다음, 1번 손가락에 힘을 주면서 E코드 모양에서 A코드 모양으로 바꿔줍니다.

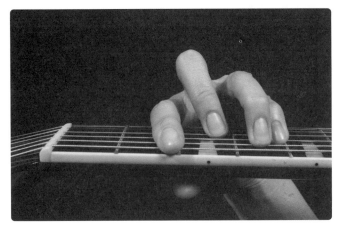

① F#코드를 잡습니다.

② 2, 3, 4번 손가락을 뗍니다.

③ 1번 손가락을 떼지 않고 힘을 준 채 옆으로 이동
하면서 나머지 손가락은 다음 코드의 모양을 만듭
니다.

④ C#코드를 완성합니다.

 **포지션 마크(Position Mark) 활용하기**

코드를 옮길 때, 현재 마디의 마지막 박자 즈음에 다음 마디에 나오는 코드의 포지션을 생각하고 다음 코드가 이동할 곳을 눈으로 먼저 확인해 놓는 것이 정확하고 빠르게 포지션 이동을 하는 데 도움을 줍니다.

포지션의 위치를 파악할 때에는 포지션 마크를 이용하는 것이 유용합니다. 포지션 마크는 지판(Fretboard, Fingerboard) 위와 지판 측면에 작은 점이나 네모, 마름모 같은 모양으로 홀수 칸에 찍혀 있습니다. 특별히 12프렛에는 옥타브가 바뀐다는 의미로 점이 두 개 찍혀 있습니다.

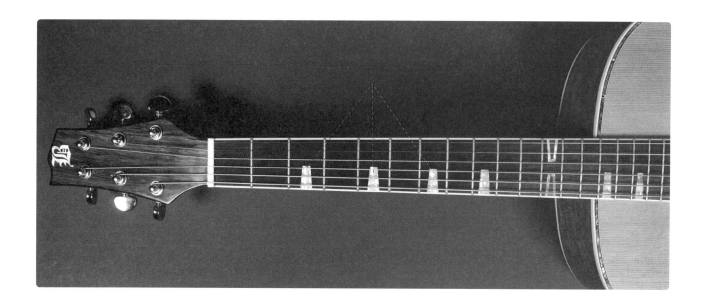

☆ **바 코드 소리 잘 내기!**

1번 손가락의 살 부분이 프렛에 닿으면 힘이 잘 안 들어갑니다. 그래서 손목을 약간 틀어 손가락의 뼈가 있는 단단한 부분이 줄에 닿도록 해야 합니다. 그리고 다른 손가락과 마찬가지로 최대한 프렛 가까이에 붙여서 잡습니다. 보통 ①, ②번줄의 음이 소리가 잘 안나므로 뼈마디가 있는 단단한 부분이 ①, ②번줄을 누를 수 있게 위치를 잘 맞춰줍니다. 어렵겠지만 1번 손가락을 제외한 나머지 2, 3, 4번 손가락은 최대한 직각에 가깝게 관절을 구부려서 다른 줄에 닿지 않고 힘 있게 누를 수 있도록 연습합시다.

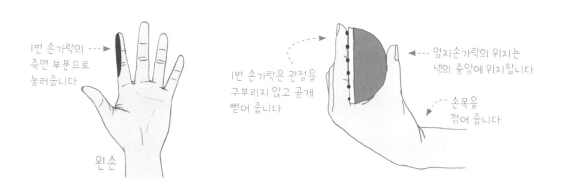

1번 손가락의
측면 부분으로
눌러줍니다

1번 손가락은 관절을
구부리지 않고 곧게
뻗어 줍니다

엄지손가락의 위치는
넥의 중앙에 위치합니다

손목을
꺾어 줍니다

왼손

서른 즈음에

강승원 작사 · 작곡 | 김광석 노래

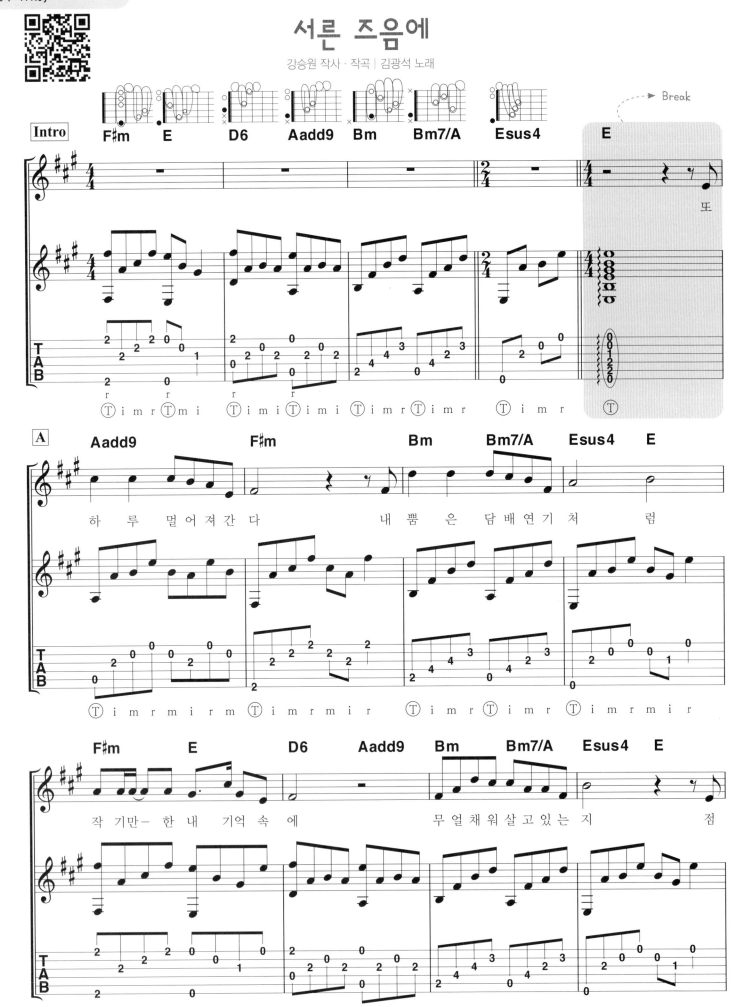

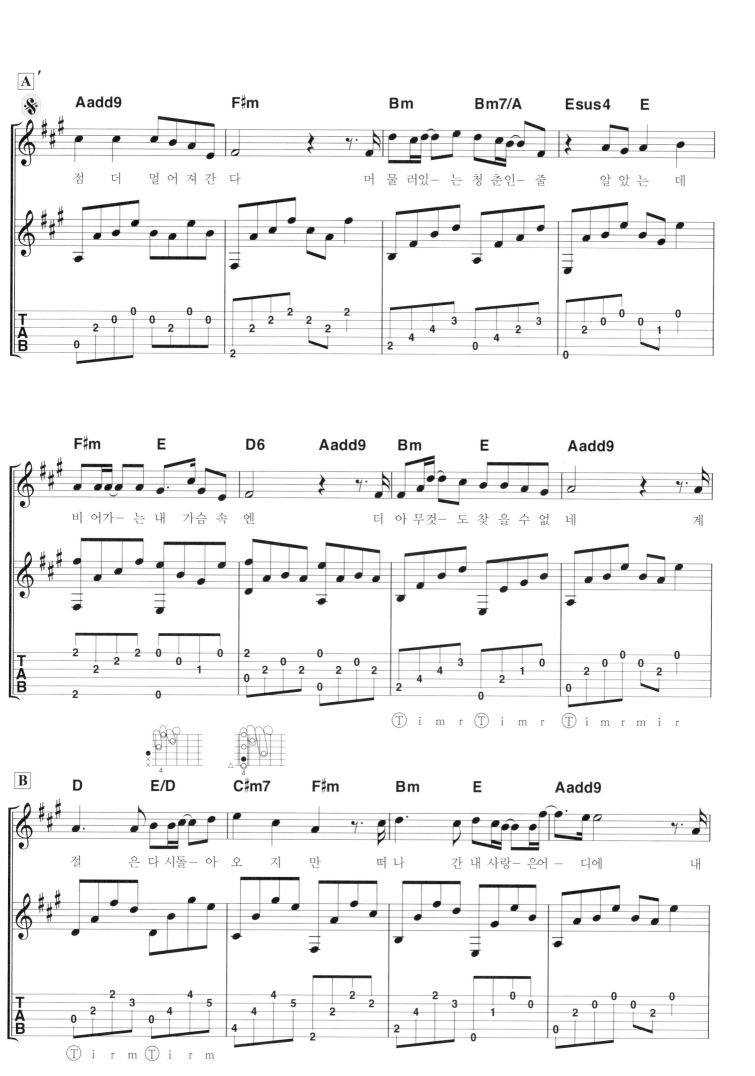

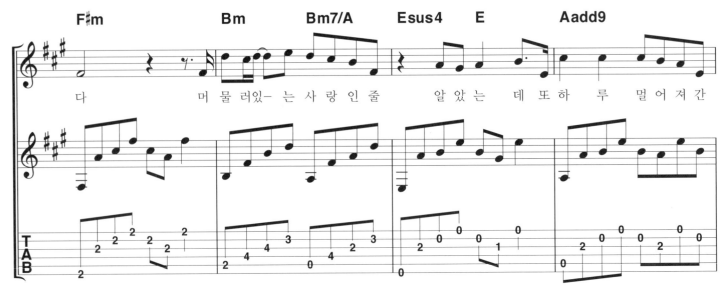

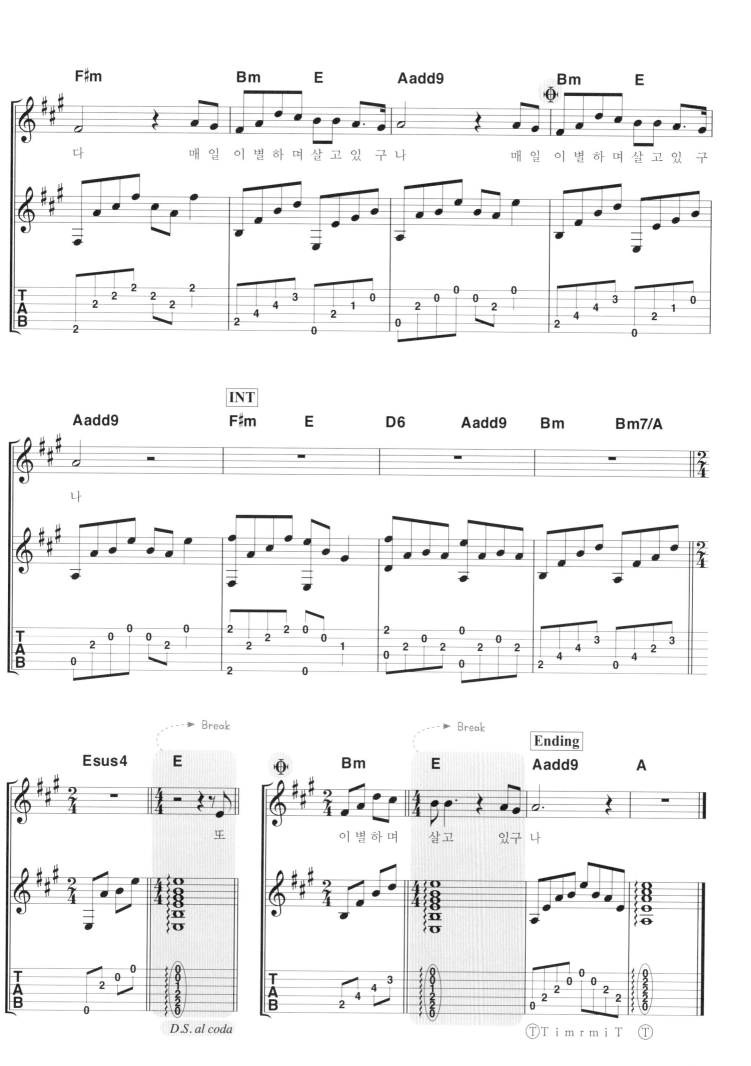

Sunny (영화 '써니' OST)

Bobby Hebb 작사 · 작곡 | Boney. M 노래

> * 곡의 구조는 단순하지만 전조(조바꿈)가 2번 되어 코드
> 체인지 연습에 좋은 곡입니다. 모든 코드를 바 코드로
> 치는 것이 어려운 사람은 ♯, ♭이 붙지 않은 코드를 오픈
> 코드로 치면 조금 더 쉽게 연주할 수 있습니다.

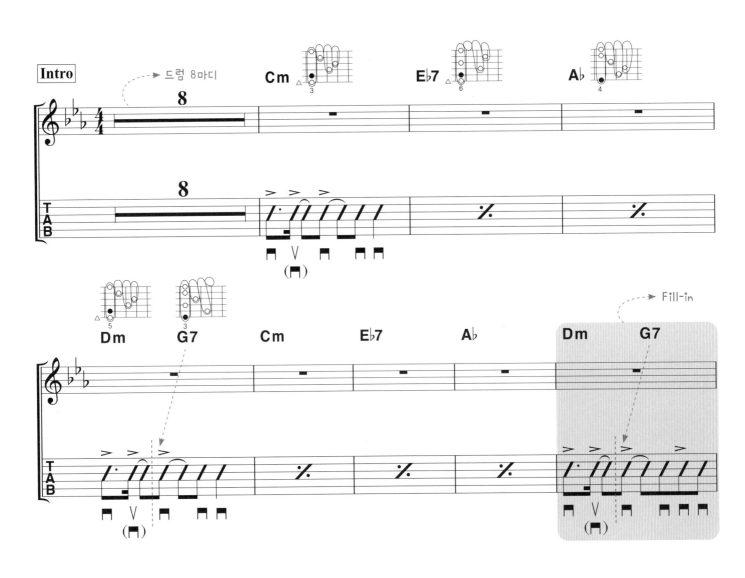

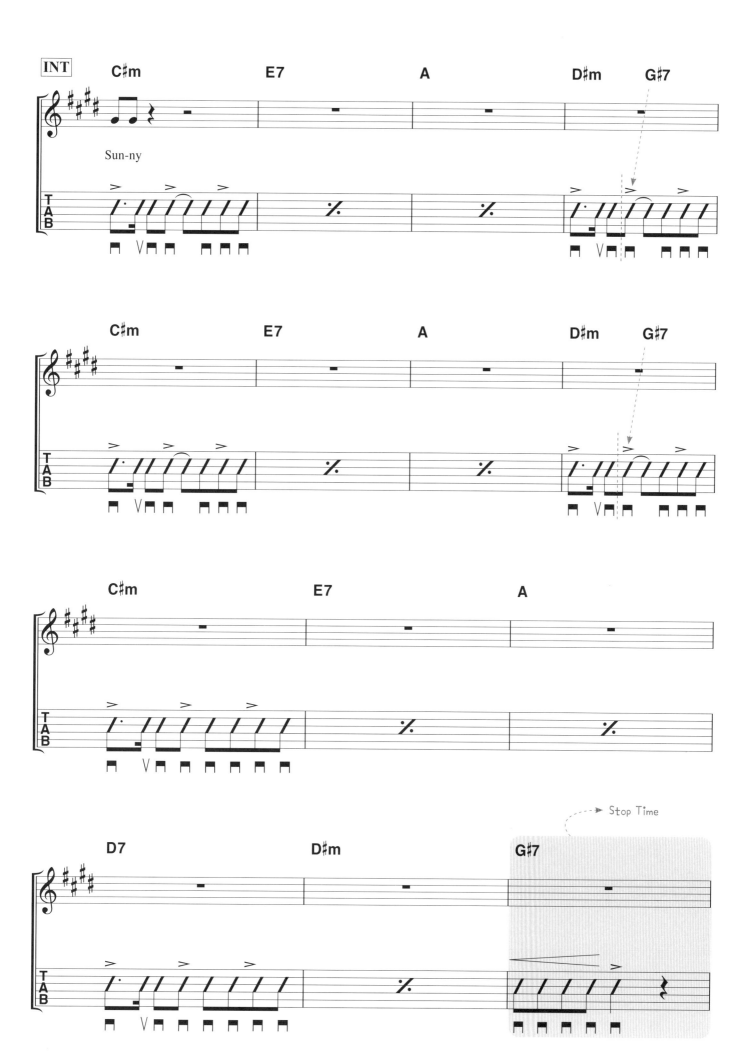

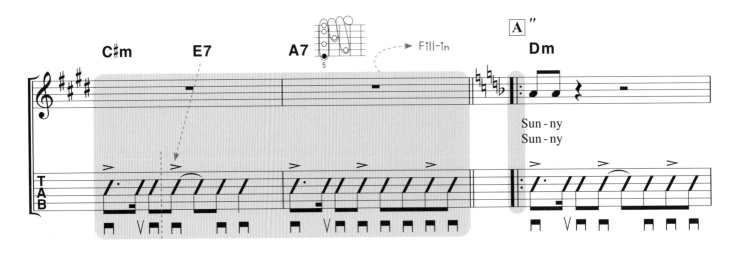

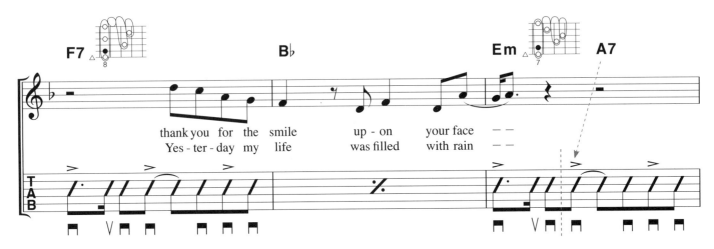

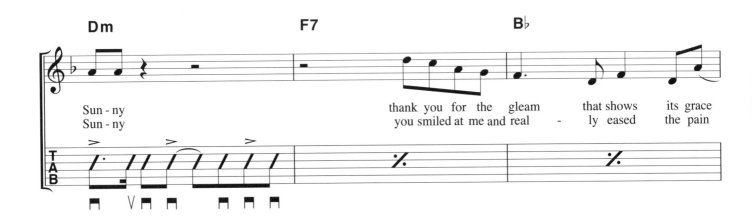

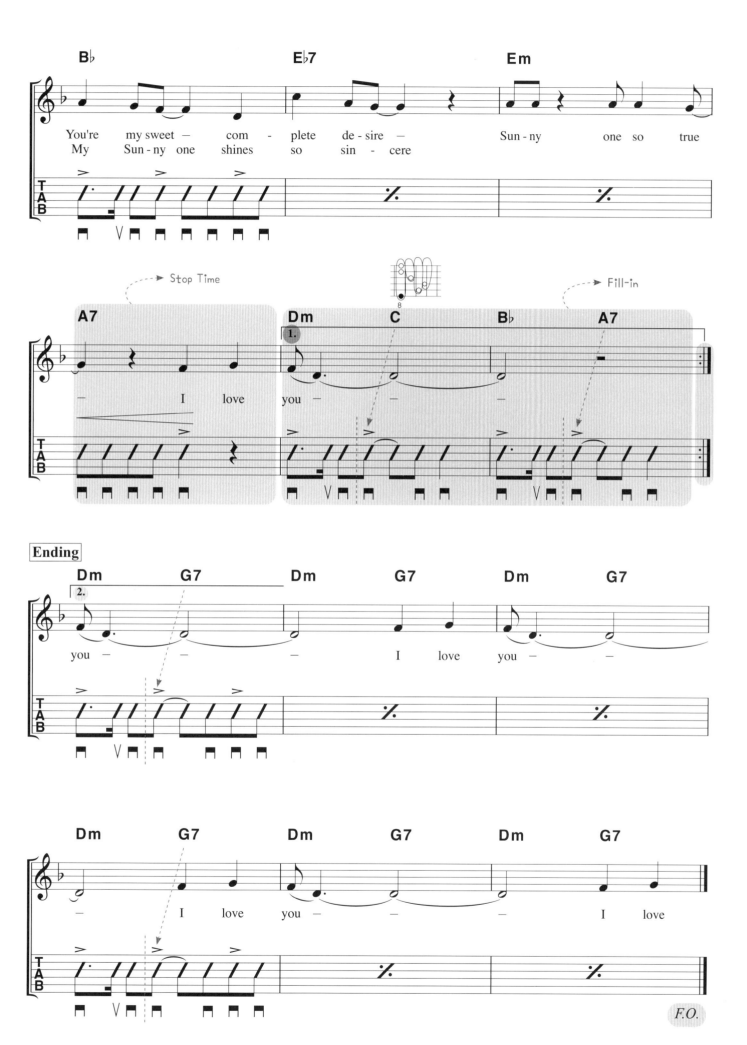

LESSON 4

커팅
| Cutting |

오른손을 사용하는 커팅

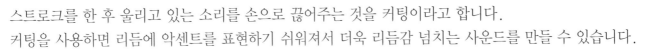

스트로크를 한 후 울리고 있는 소리를 손으로 끊어주는 것을 커팅이라고 합니다.
커팅을 사용하면 리듬에 악센트를 표현하기 쉬워져서 더욱 리듬감 넘치는 사운드를 만들 수 있습니다.

오른손을 사용하는 커팅은 손바닥을 줄에 대서 음을 끊기 때문에 핸드 커팅(Hand Cutting)이라고도 합니다. 다운 스트로크를 하자마자 거의 동시에 오른손 손바닥을 줄에 갖다 대어 "착!" 소리가 나게 합니다.

① 다운 스트로크를 치기 전에 손목을 들어 올립니다.

▶ "착!" 소리가 나게 합니다

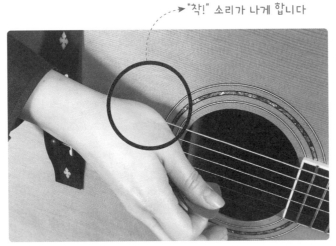

② 다운 스트로크를 하자마자 거의 동시에 손바닥을 줄에 댑니다.

악보에서는 커팅을 아래와 같이 표기합니다.

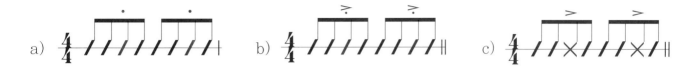

다음 예제를 보고 오른손을 사용하는 커팅을 익혀봅시다.

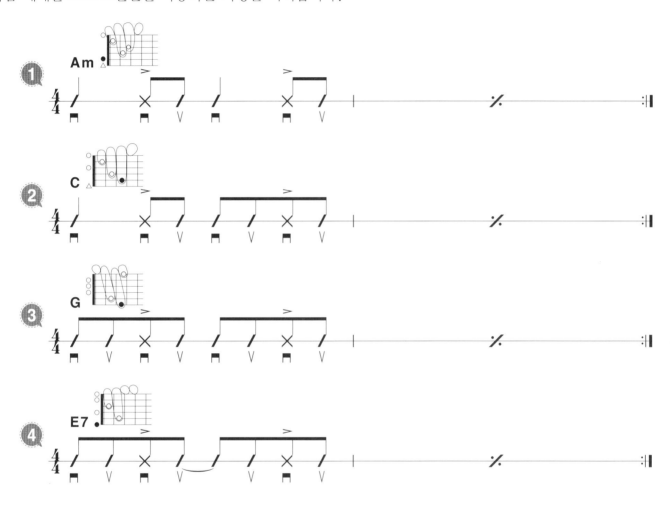

☆ 알아두세요!

핸드 커팅을 할 때 손바닥의 어느 부분이 줄에 닿아야 하는지 사진에서 확인하세요. 보통 새끼손가락 아랫부분을 줄에 대는데, 좀 더 확실히 음을 커팅하기 위해서 엄지손가락 아랫부분이 함께 닿도록 하기도 합니다.

줄이 닿는 부분

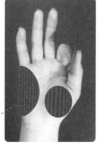

▲위에서 본 모습

해변으로 가요

이철 작사 · 작곡 | 키보이스 노래

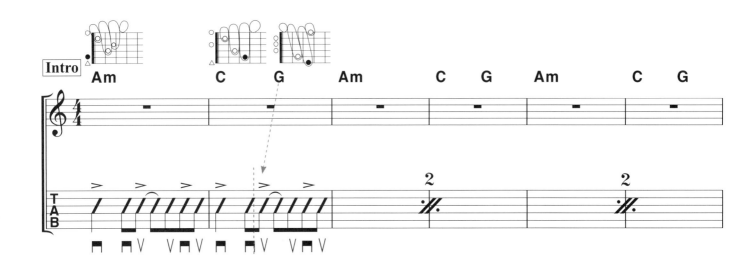

별이쏟아 지 는 ─ 해변으로가요 ─ (해변으로가요)
연 ─ 인 들 의 ─ ─ 해변으로가요 ─ (해변으로가요)

오른손 커팅

젊 ─ 음 이 넘 치는 ─ 해변으로가요 ─ (해변으로가요)
사 ─ 랑 한 다 ─ 는 ─ 말은안해 ─ 도 ─ (말은안해 ─ 도)

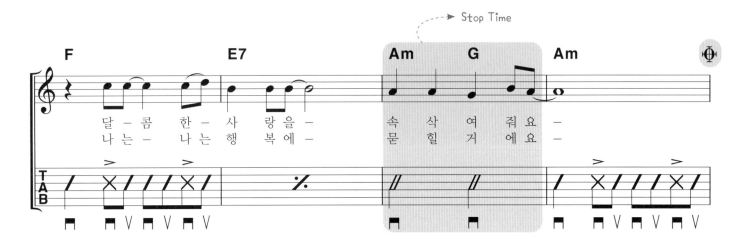

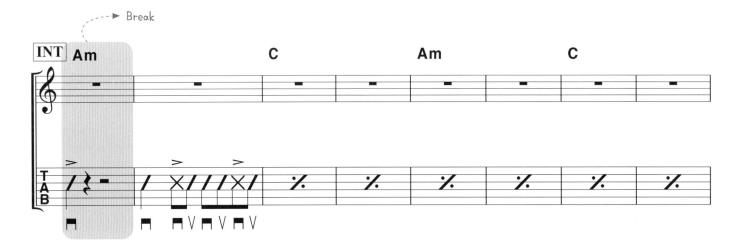

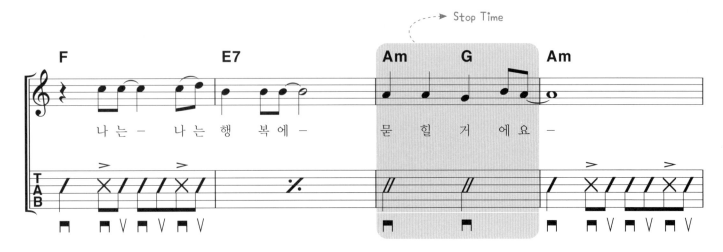

불 타 는 그 입술— 처음으로느 껐 네

사 랑 의 발 자욱— 끝없 이남 기 며

D.S. al coda

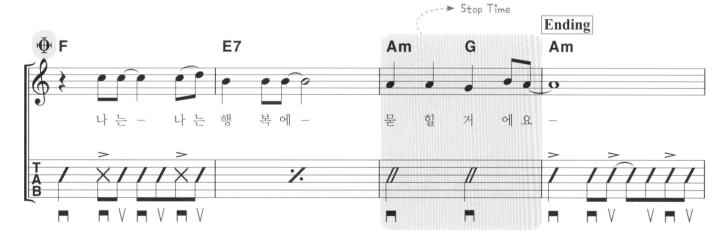

나 는— 나 는행 복 에— 묻 힐 거 에요—

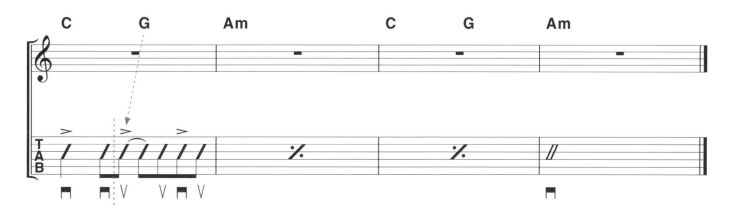

왼손을 사용하는 커팅

왼손을 사용하는 커팅은 손가락을 줄에 대어 음을 끊어주기 때문에 핑거 커팅(Finger Cutting)이라고도 합니다. 왼손 커팅으로는 스타카토(staccato, 음을 짧게 끊어 연주하는 것)를 표현할 수 있습니다.
이 주법은 바 코드에서 하는 커팅과 오픈 코드에서 하는 커팅의 두 가지 방법이 있습니다.

1. 바 코드에서 커팅

스크로크를 한 직후 바 코드를 잡은 왼손 손가락의 힘을 살짝 빼서 울리는 소리를 끊어줍니다. 이때 왼손은 줄에서 완전히 떨어지는 것이 아니라 줄에 살짝 대고 있는 상태를 유지합니다. 줄에서 손가락이 완전히 떨어지면 개방음이 울릴 수 있으므로 그림처럼 손가락이 줄에 닿아 있는 상태로 힘만 살짝 빼도록 주의해야 합니다.

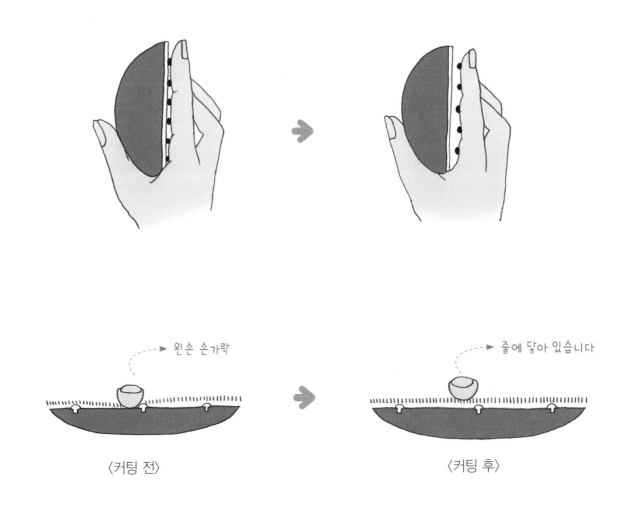

〈커팅 전〉　　　　　　　　　〈커팅 후〉

다음 예제를 보고 바 코드에서 왼손을 사용하는 커팅을 익혀봅시다.

☆ 스타카토의 여러 가지 표기법

a) 스타카티시모(Staccatissimo) : 음의 길이를 $\frac{1}{4}$로 아주 짧게 끊어서 연주합니다.

b) 메조 스타카토(Mezzo staccato) : 음의 길이를 $\frac{3}{4}$만 연주합니다.

c) 스타카토(Staccato) : 음의 길이를 $\frac{1}{2}$로 끊어서 연주합니다.

낭만에 대하여

최백호 작사 · 작곡 · 노래

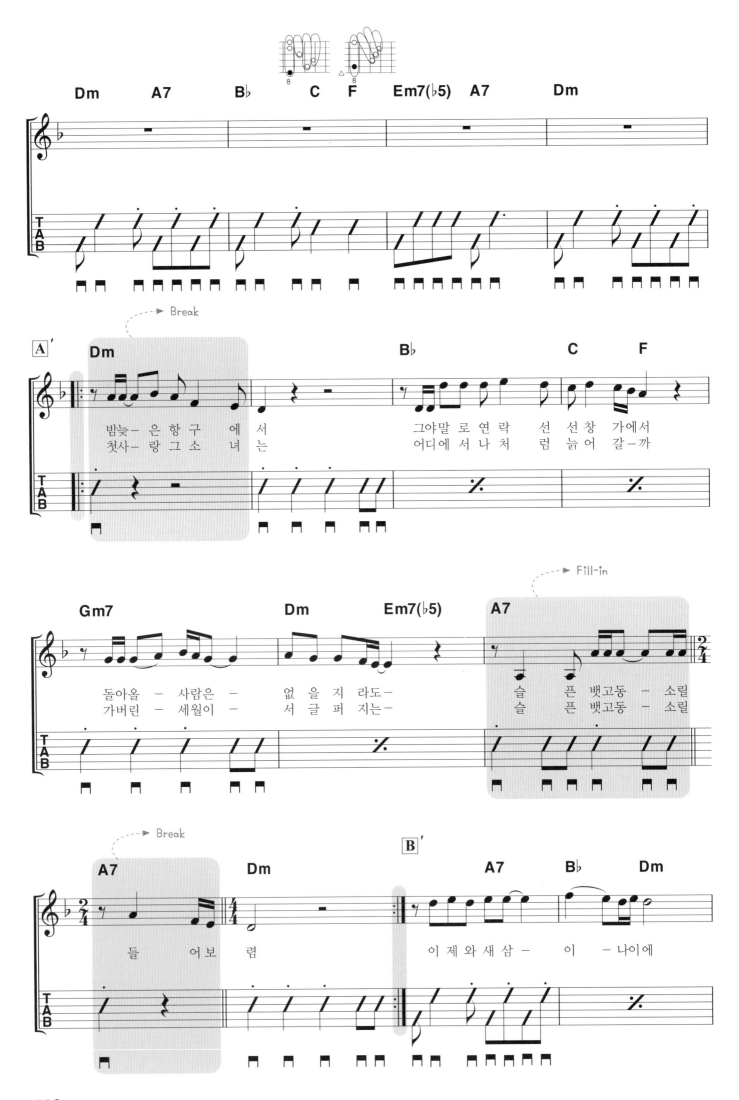

2. 오픈 코드에서 커팅

오픈 코드는 개방음을 사용하기 때문에 커팅을 할 때 개방음이 울리지 않도록 뮤트시켜줘야 합니다. 개방음을 뮤트시키는 방법에는 두 가지가 있는데, 잡고 있는 코드의 모양에 따라 둘 중 더 편한 방법을 선택하면 됩니다.

첫 번째 방법은 사용하지 않는 손가락으로 개방음을 뮤트시키는 것입니다. 코드를 잡은 손가락에서 힘을 빼는 동시에, 사용하지 않는 손가락을 개방음이 있는 줄에 살짝 대서 소리가 끊어지도록 합니다.

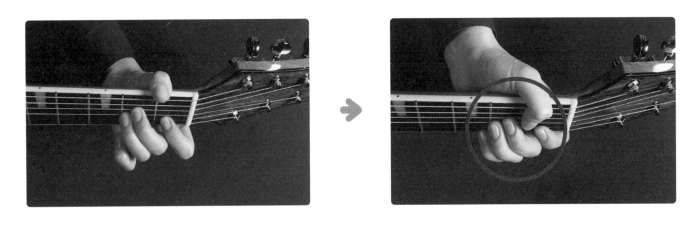

다른 방법은 지판을 누르고 있던 손가락을 눕혀서 나머지 개방음에서 울리는 소리를 끊어주는 것입니다.

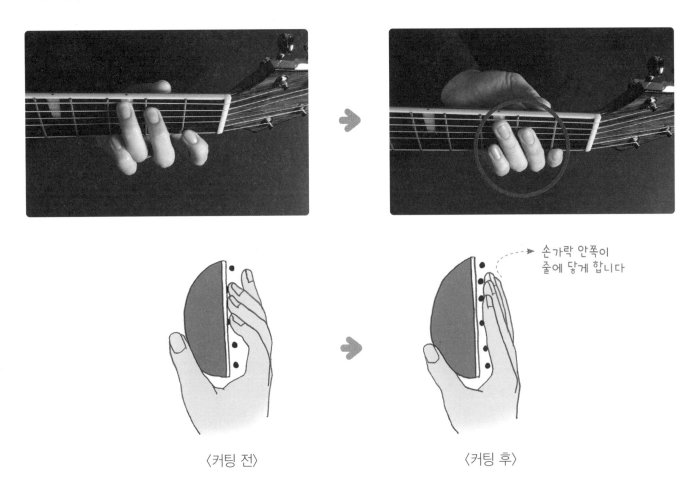

손가락 안쪽이
줄에 닿게 합니다

〈커팅 전〉   〈커팅 후〉

104

오픈 코드에서 하는 커팅은 주로 리듬에 악센트를 주고싶을 때 사용합니다.
때로는 곡의 분위기에 따라 모든 음을 완전히 뮤트하지 않고 개방음 소리를 섞어서 사용하기도 합니다.
바 코드에서 하는 커팅보다 난이도가 높은 기술이므로 왼손이 익숙해질 때까지 많은 연습이 필요합니다.

다음 예제를 보고 오픈 코드에서 왼손을 사용하는 커팅을 익혀봅시다.

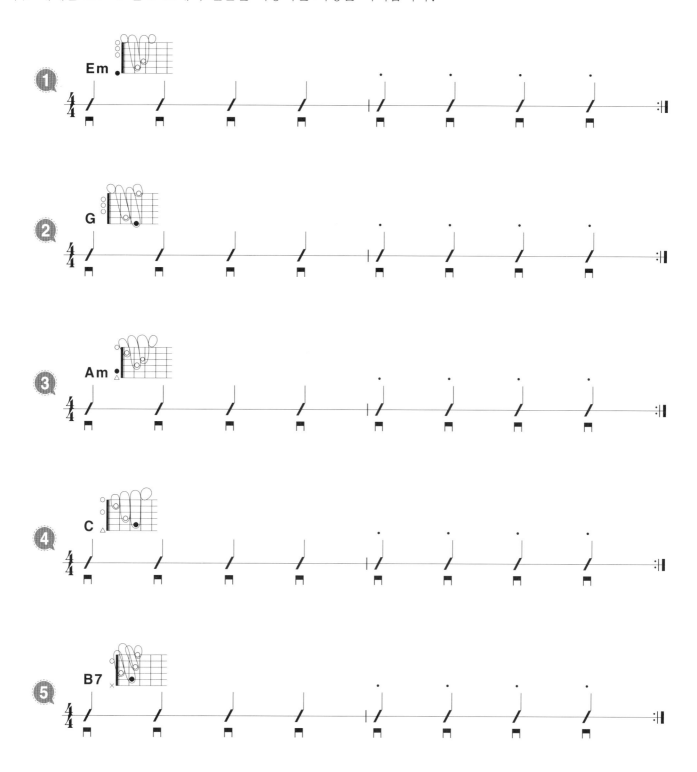

Sorry Sorry (쏘리 쏘리)

유영진 작사 · 작곡 | 슈퍼주니어 노래

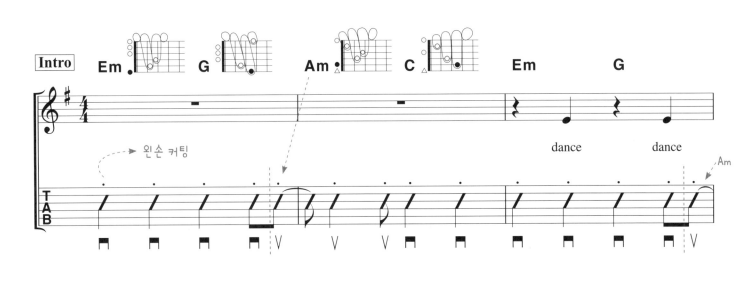

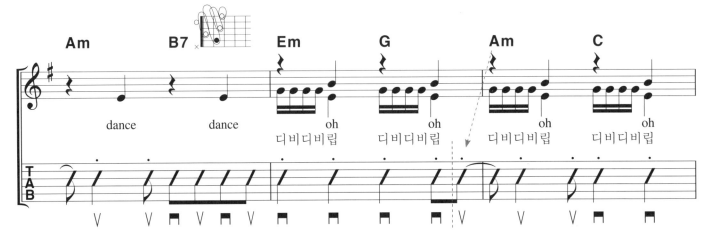

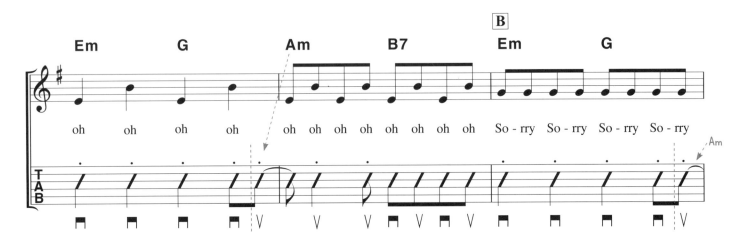

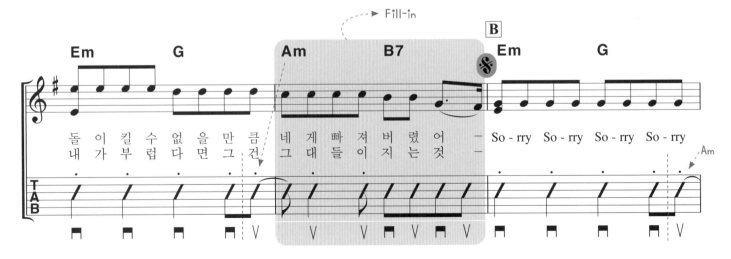

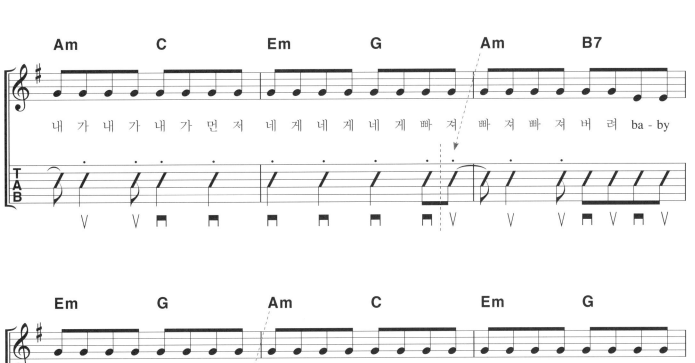

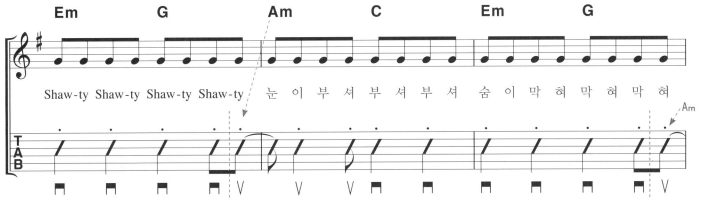

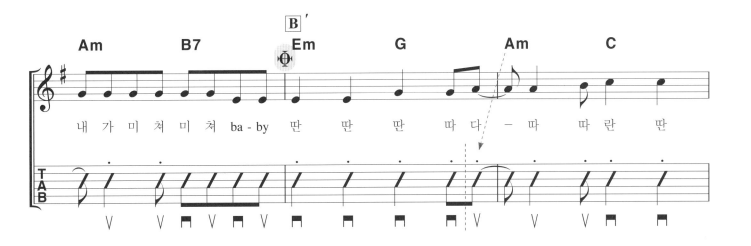

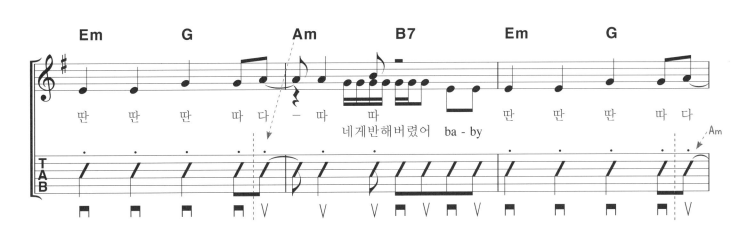

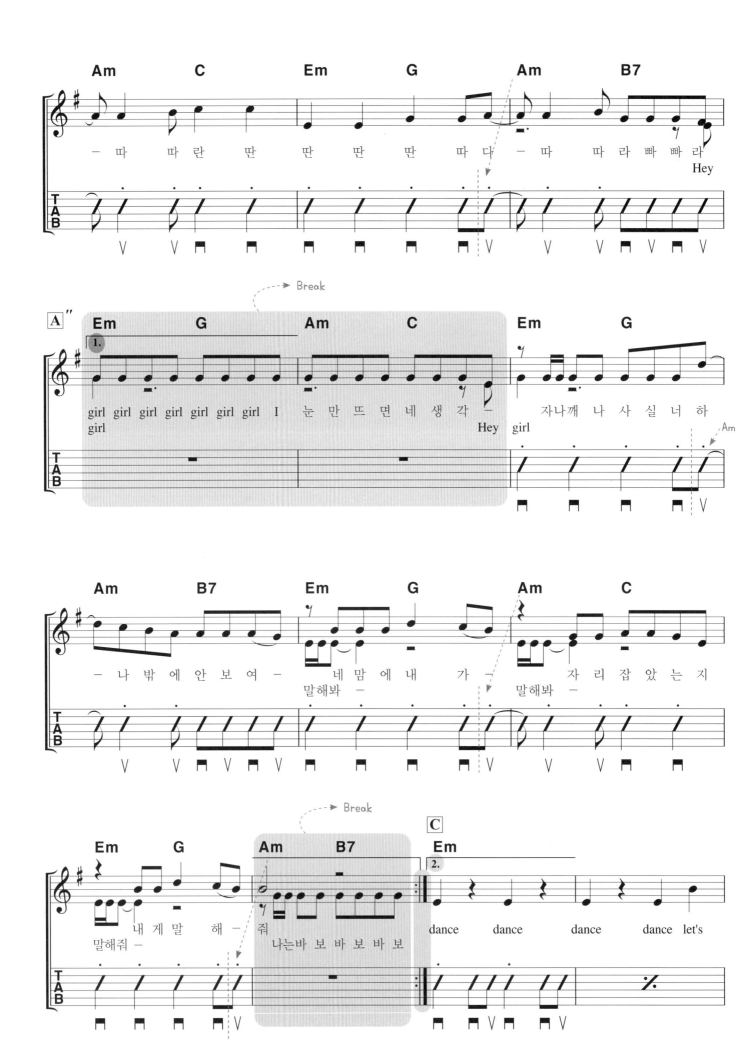

110

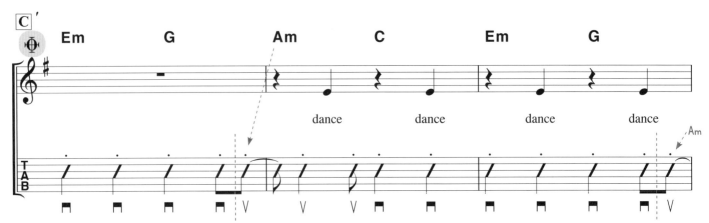

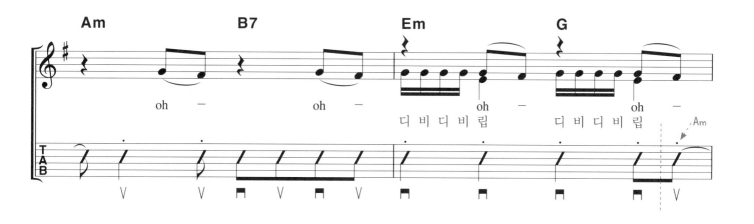

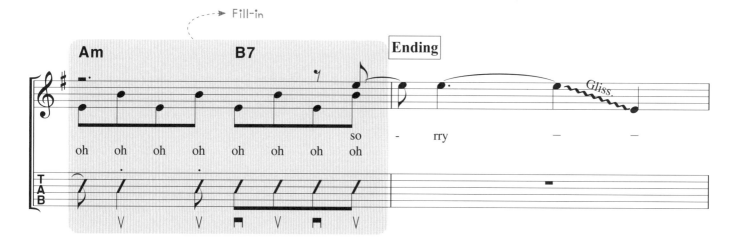

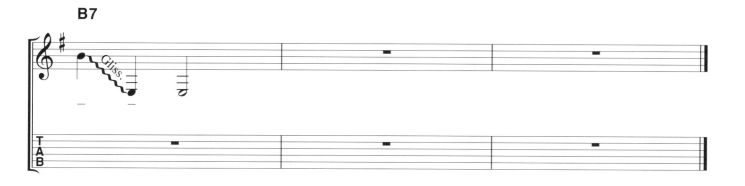

Run Devil Run

홍지유 작사 | Alex James, Michael Busbee, Kalle Engstrom 작곡 | 소녀시대 노래

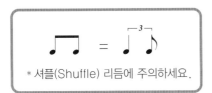

* 셔플(Shuffle) 리듬에 주의하세요.

왼손 커팅   오른손 커팅

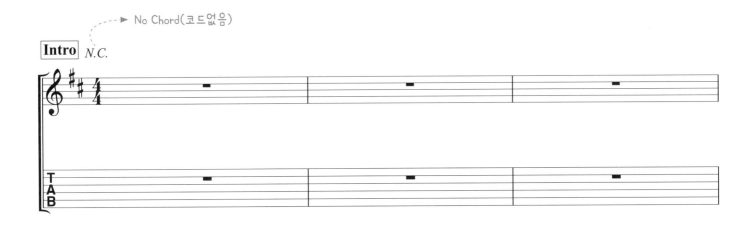

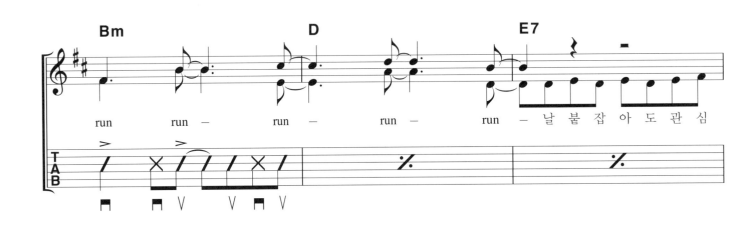

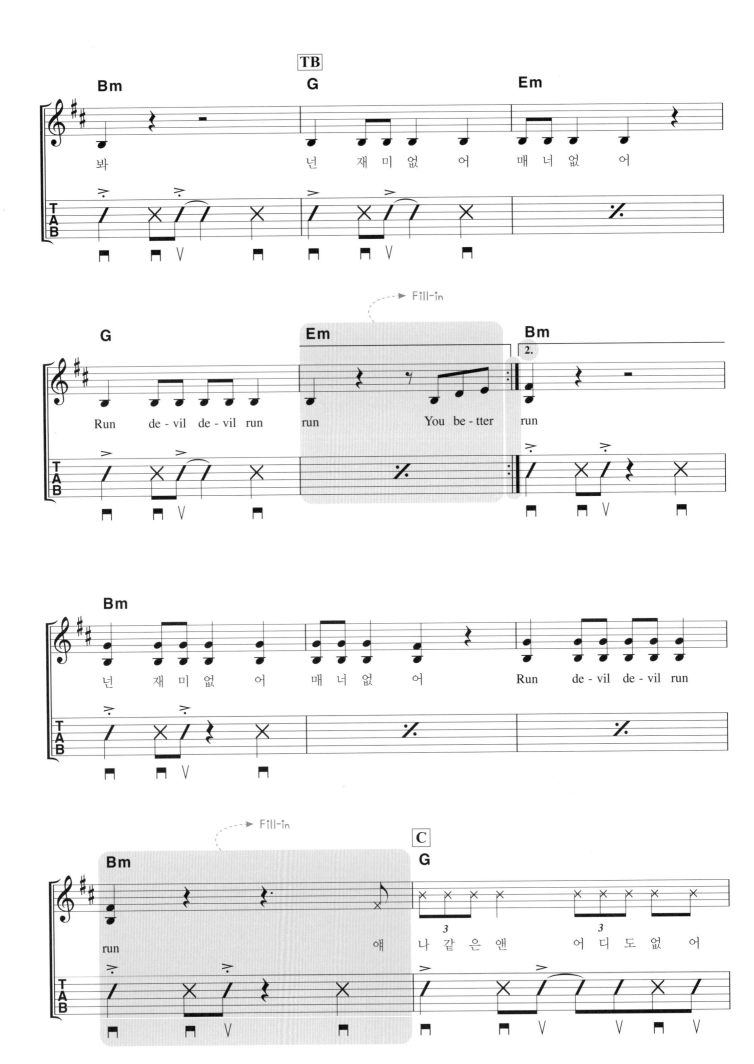

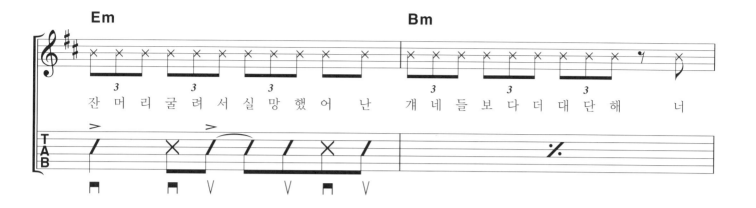

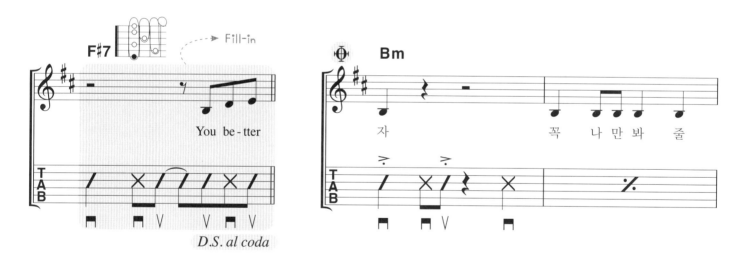

LESSON 5

퍼커시브
| Percussive |

1 스트링 히트
2 바디 히트

스트링 히트 (String Hit)

퍼커시브는 히팅 노트(Hitting Note)라고도 하며 손 전체나 손끝 혹은 손톱 등으로 줄이나 몸통을 직접 때려서 소리를 내는 모든 주법을 통칭합니다. 기타로 타악기적인 효과를 낼 수 있기 때문에 다양한 효과음을 내기 위해서 널리 애용되는 주법입니다.

퍼커시브는 기타의 줄을 때리는 스트링 히트(String Hit)와 기타 몸통을 때리는 바디 히트(Body Hit)로 나눌 수 있습니다.

스트링 히트는 기타의 줄을 때려서 소리를 내는 것으로 퍼커시브 주법 중 가장 널리 쓰입니다.

오른손을 살짝 들었다가 손목의 스냅을 이용하여 손톱이나 손끝의 살 부분으로 '착!' 소리가 나게 줄을 세게 때립니다. 이때 손바닥까지 함께 줄에 닿아서 불필요한 음이 울리지 않게 해줍니다.

스트링 히트의 '착!' 하는 소리는 줄과 프렛이 부딪쳐서 나는 소리로, 커팅으로 표현되는 '착!' 소리와는 또 다른 느낌을 줍니다.

이 방법은 크고 강한 효과음을 만들 수 있다는 장점이 있습니다. 손가락 끝으로 기타의 몸통 부분을 함께 때리면 타악기적인 효과가 증가됩니다.

① 손목을 위로 살짝 듭니다.

② 손톱, 손가락 끝과 손바닥으로 줄을 칩니다.

악보에서 음표 머리가 X 모양으로 되어 있는 곳에서 줄을 쳐서 퍼커시브 효과를 냅니다.
줄을 칠 때는 오른손의 손톱과 손바닥이 동시에 여섯 줄 전체에 닿아야 합니다. 처음 할 때에는 손끝보다는
손톱이 줄에 닿게 하는 것이 큰 소리를 낼 수 있습니다.
퍼커시브 뒤에 곧바로 다음 음을 연주해야 하는 경우에는 다음 음에 해당하는 줄 위에 손가락을 미리 옮겨
놓고 그 줄을 때리면 다음 박자에서 손을 많이 움직이지 않고 편하게 연주할 수 있습니다.

다음 예제를 보고 퍼커시브를 익혀봅시다.

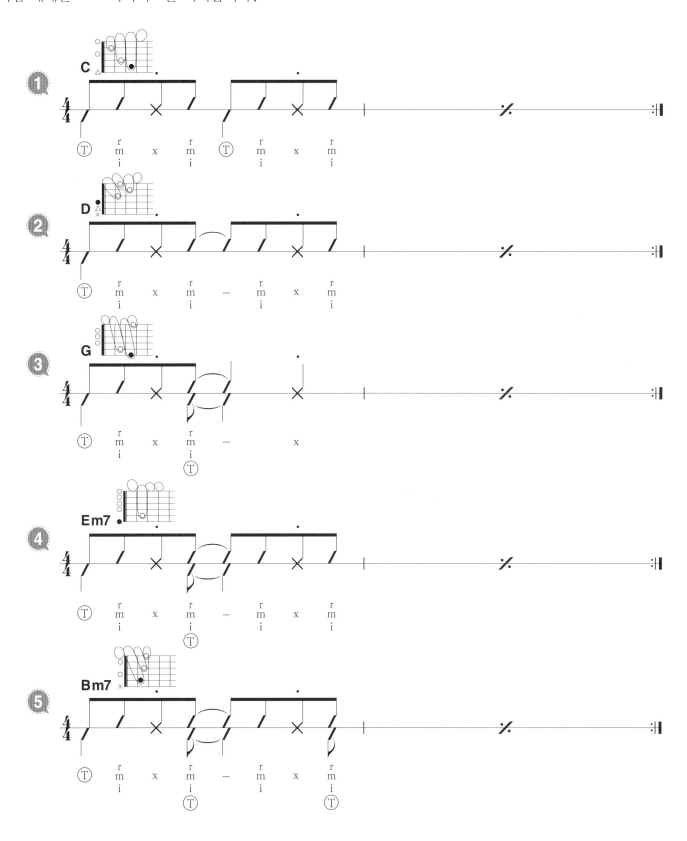

벌써 일년

한경혜 작사 | 윤건 작곡 | 브라운 아이즈 노래

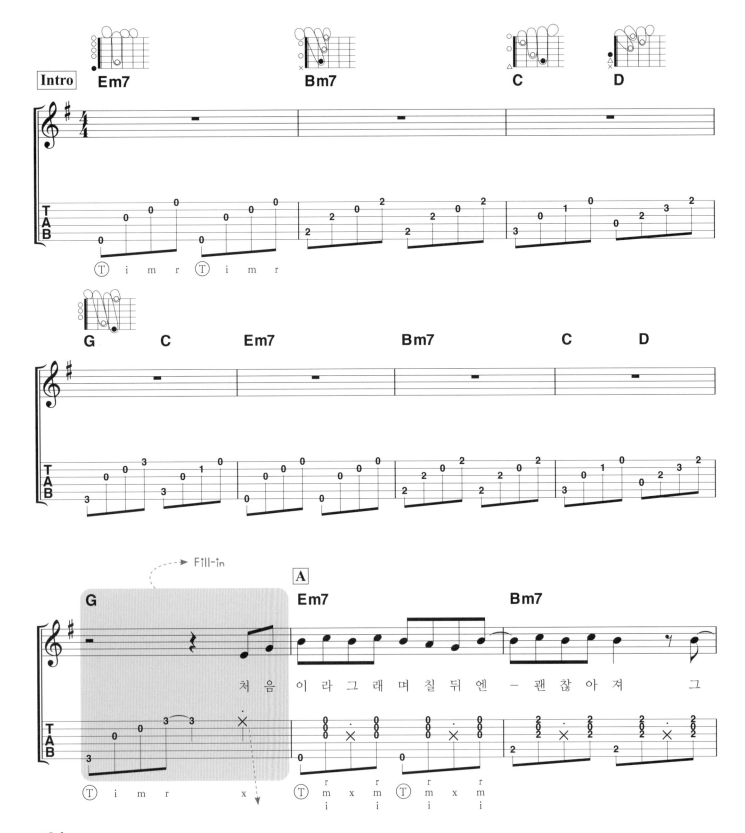

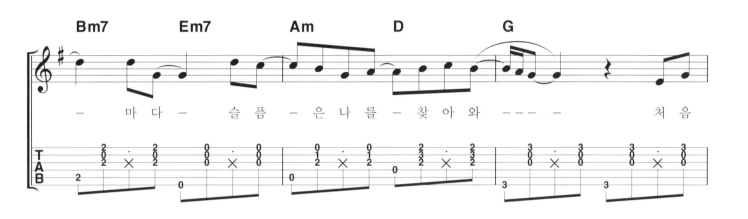

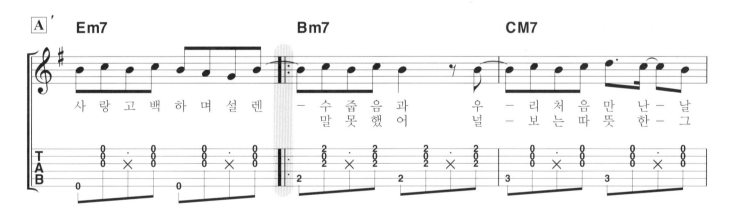

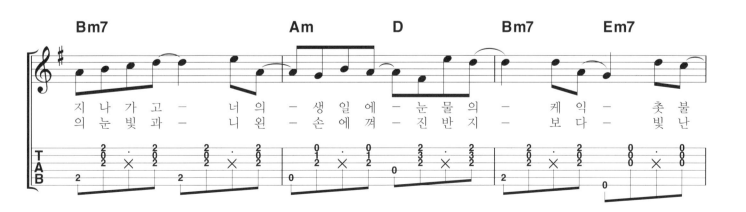

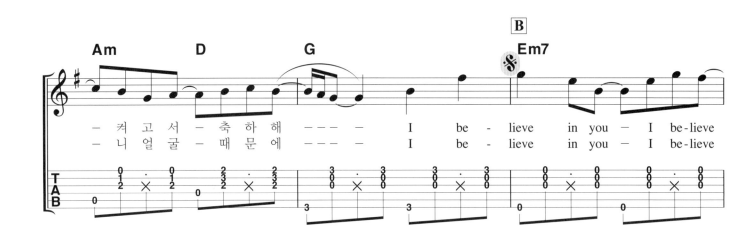

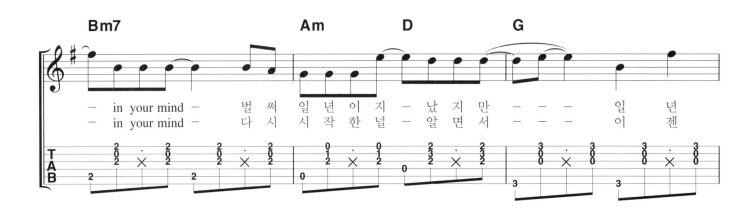

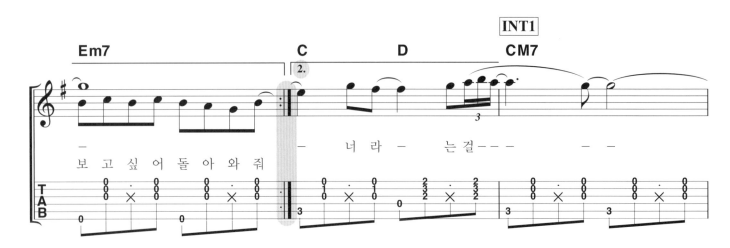

126

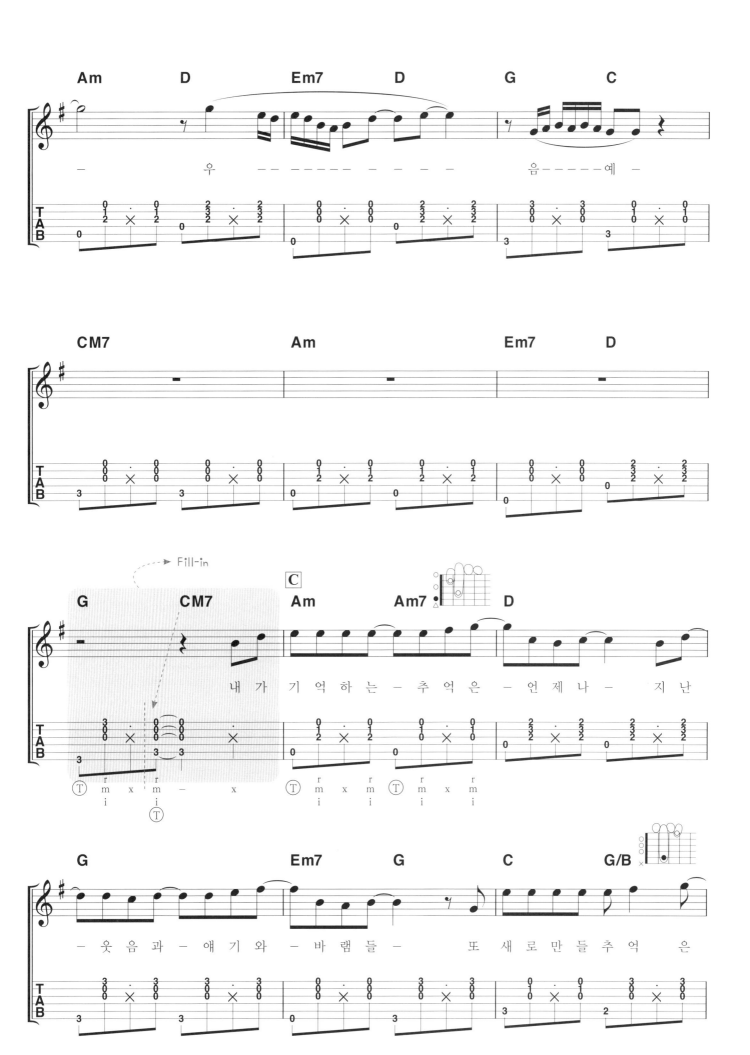

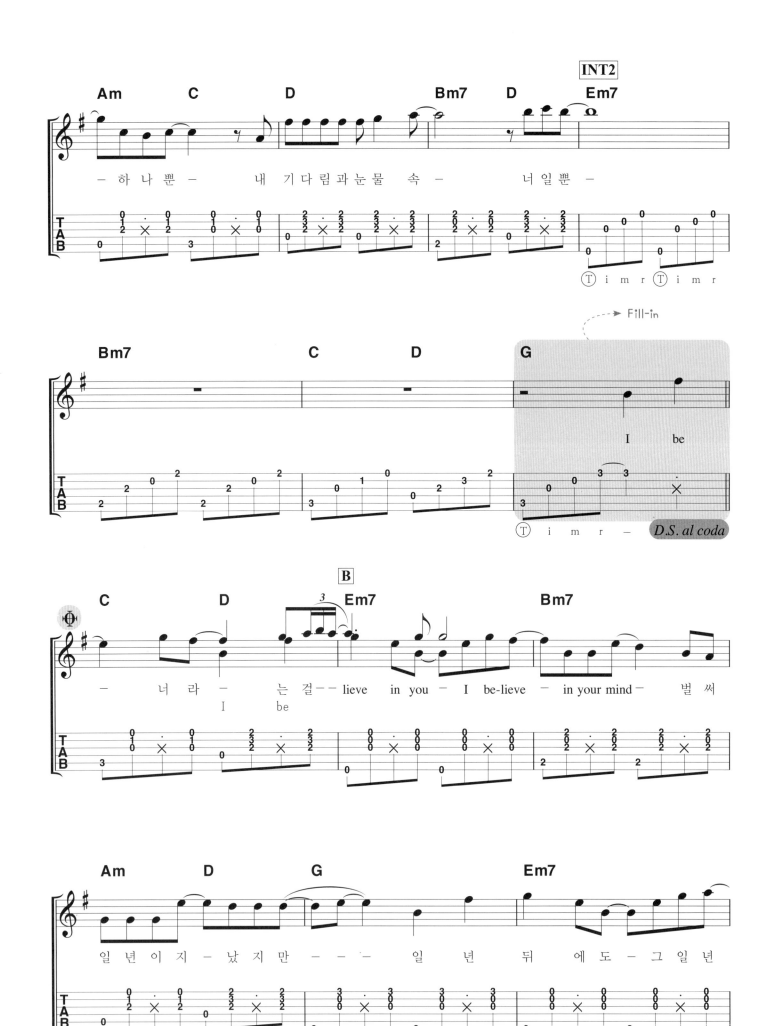

128

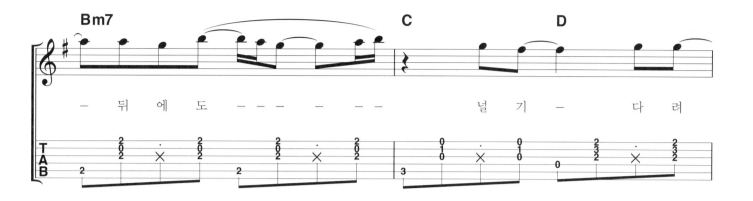

Ending

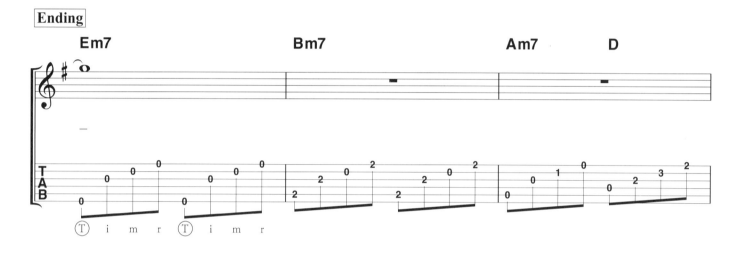

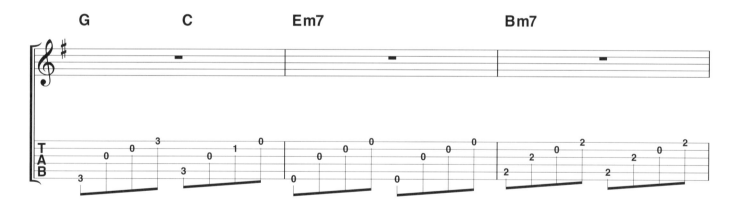

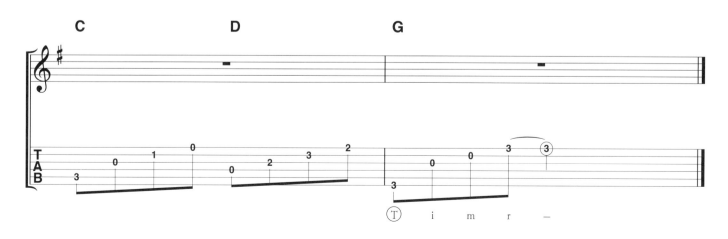

바디 히트 (Body Hit)

바디 히트는 기타의 바디나 넥 같이 나무로 된 부분을 때려서 소리를 내는 퍼커시브 주법입니다.
때리는 위치에 따라 다른 소리가 나오므로 원하는 음색이 나는 곳을 왼손이나 오른손으로 두드려 줍니다.
다만 같은 장소를 반복해서 때리게 되면 기타가 손상될 수도 있으므로 보호 필름을 붙이는 등의 주의가 필요
합니다.

바디 히트는 정해진 표기법이 따로 없지만 'X', 'ⓧ', 'Hit', 'Palm', '+' 등으로 표기합니다.

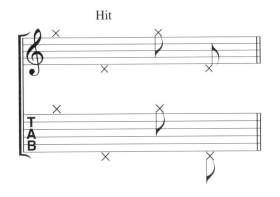

다양한 바디 히트 사운드를 듣고 따라해 봅시다.

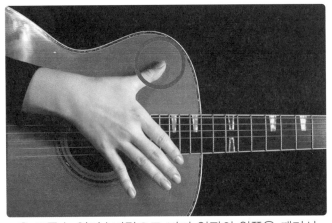

① 오른손 엄지손가락으로 바디 앞판의 위쪽을 때려서
내는 소리

② 오른손 손끝으로 바디 앞판의 아래쪽을 때려서 내는
소리

③ 왼손 손바닥으로 바디 옆판의 위쪽을 때려서 내는
소리

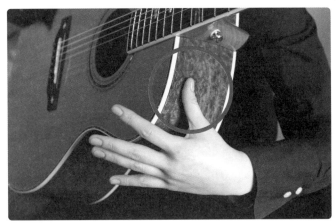

④ 왼손 엄지손가락으로 바디 옆판을 때려서 내는 소리

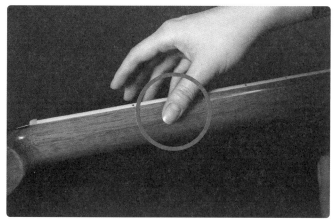

⑤ 오른손 엄지손가락으로 넥을 두드려서 내는 소리

 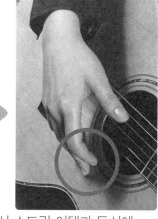

⑥ 손가락을 구부렸다 피면서 스트링 어택과 동시에
바디 앞판 아래쪽을 때려서 내는 소리

⑦ 손목 근처의 손바닥의 두터운 부분을 이용해 부드럽
고 낮은 음색의 소리를 내는 것을 팜(Palm)이라고
합니다. 손목의 회전을 이용하여 바디 앞판의 위쪽
을 두드립니다.

⑧ r이나 m으로 바디 앞판의 아래쪽을 두드리는 것을
골뻬(Golpe)라고 합니다. 플라멩코 기타에서 많이
쓰이며 엄지손가락으로 줄을 튕기며 동시에 사운드
홀 부근을 타격합니다.

이 외에도 손가락 끝으로 몇 줄만 치는 어택 뮤트(Attack Mute), 스트러밍과 동시에 손톱으로 줄
을 타격하는 네일 어택(Nail Attack), 브릿지 부근의 줄을 두드려 타격음과 줄들이 내는 진동음을
동시에 얻는 탐보라(Tambora), 베이스 기타의 슬랩(Slap)주법처럼 엄지손가락으로 줄을 때려서
소리를 내는 엄지 퍼커시브 등의 퍼커시브 주법이 있습니다.

To Be With You

Eric Martin, David Grahame 작사 · 작곡 | Mr. Big 노래

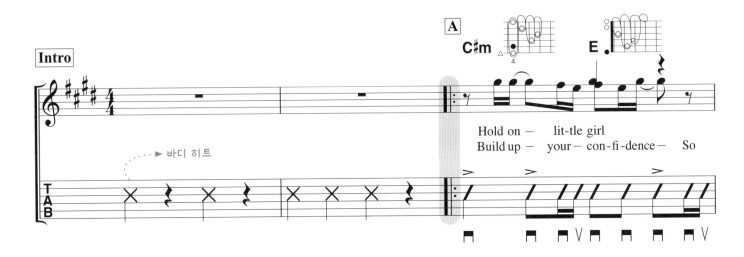

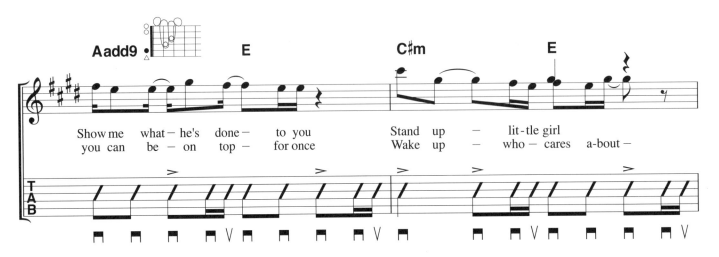

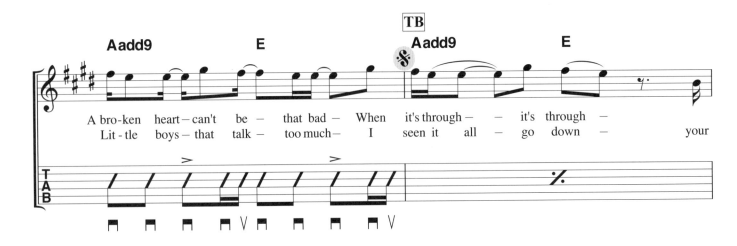

Why be — alone   when we can be   -   er ba - by

You can make— my   life — worth-while —   I can make— you start to —

smile

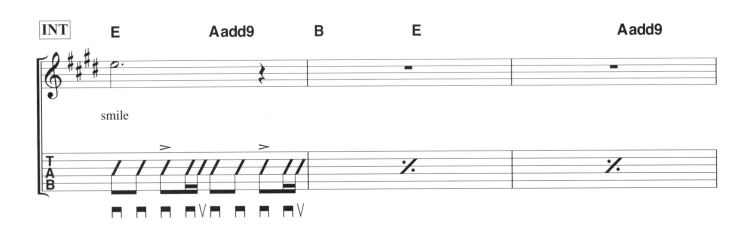

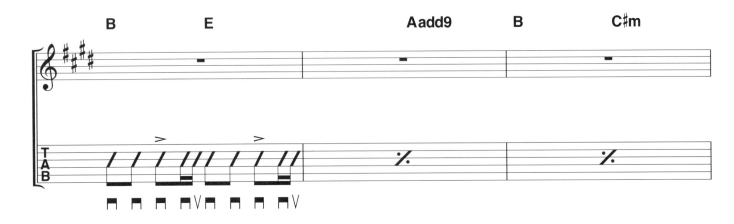

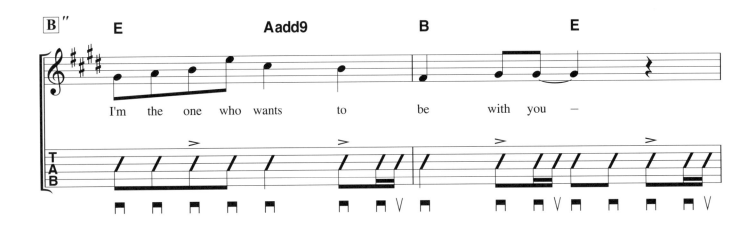

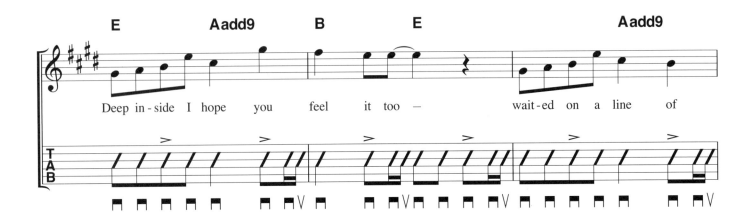

비 오는 거리

김신우 작사 · 작곡 | 이승훈 노래

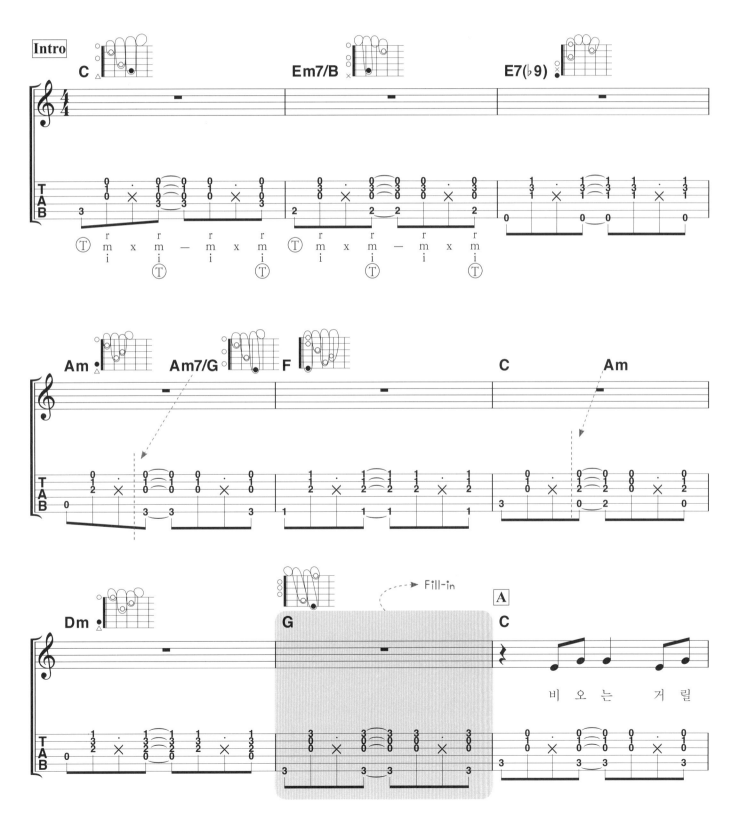

걸었어 너와걷 던그 - 길을 - 눈에

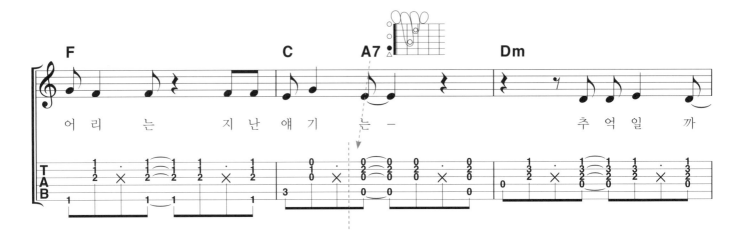

어 리 는 지난애기 는 - 추억일까

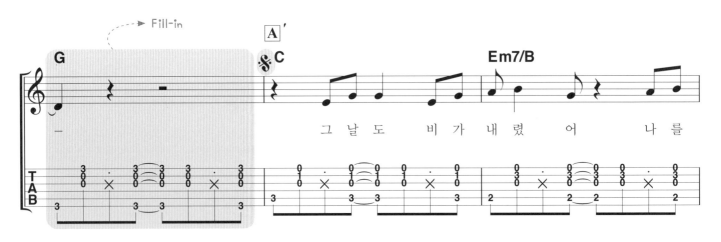

- 그 날 도 비가내렸 어 나를

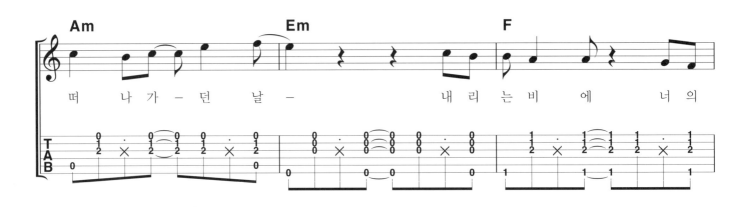

떠 나 가 - 던 날 - 내리는비에 너의

138

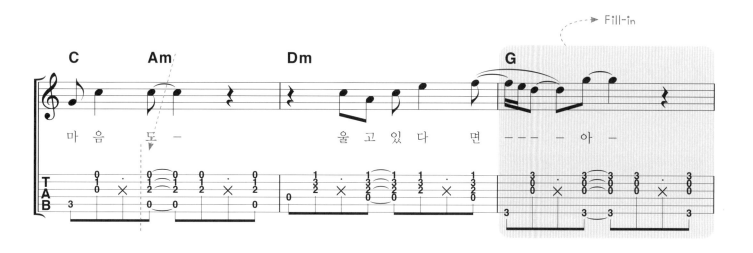

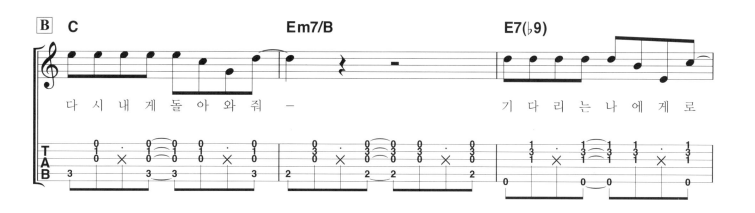

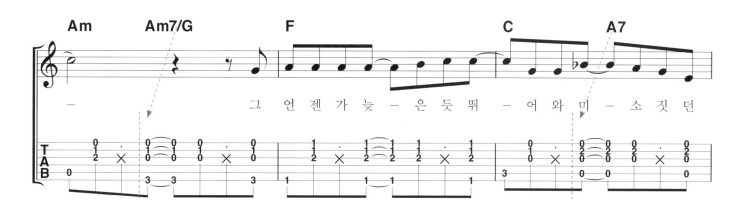

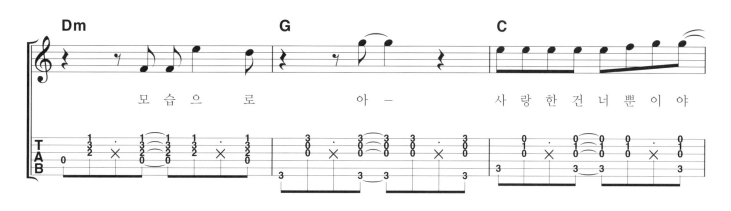

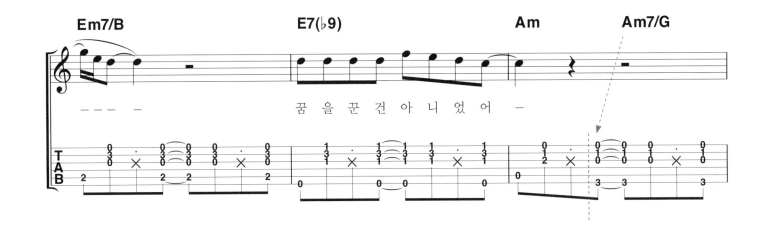

꿈을꾼건아니었어 —

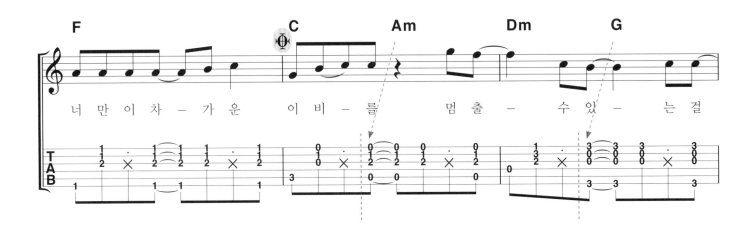

너만이차 — 가운 이비 — 를 멈출 — 수있 — 는걸

INT

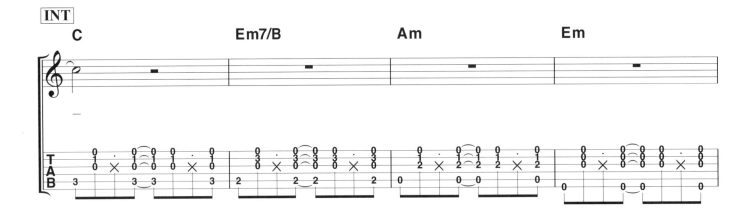

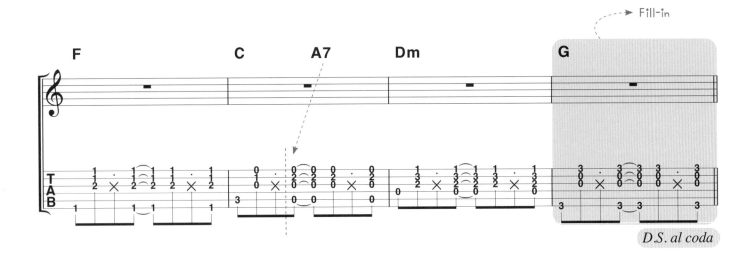

D.S. al coda

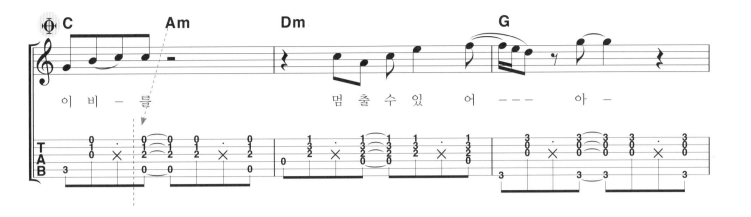

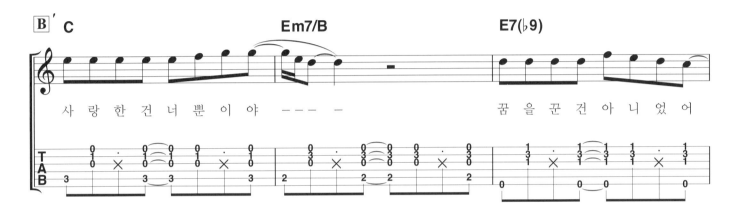

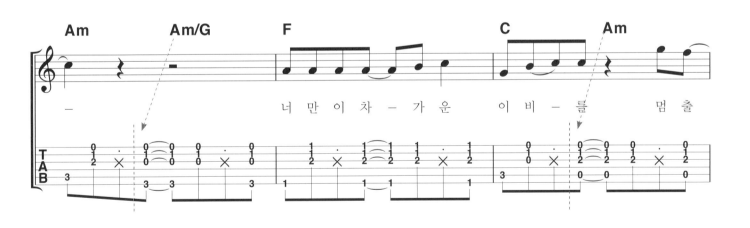

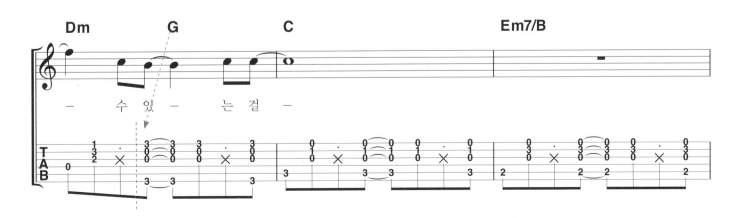

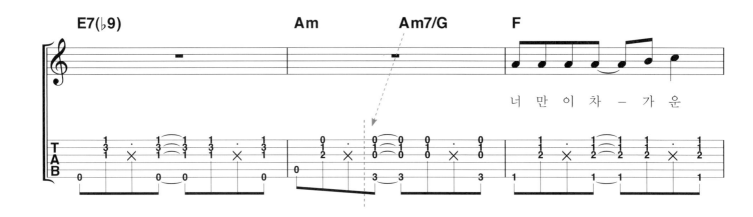

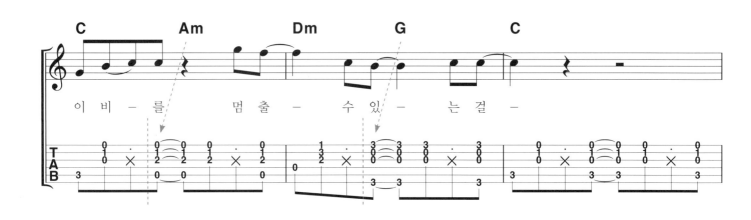

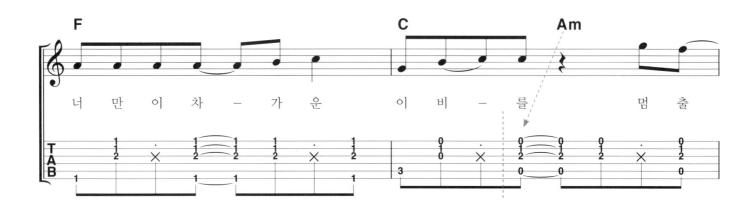

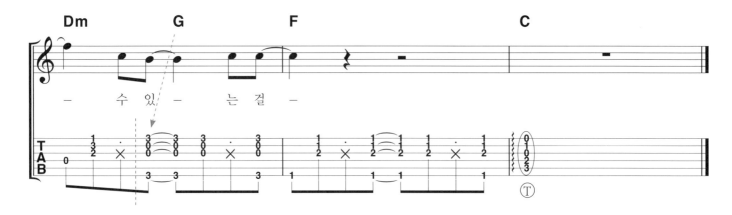

오늘밤은 어둠이 무서워요

권정열, 윤철종 작사 · 작곡 | 10cm 노래

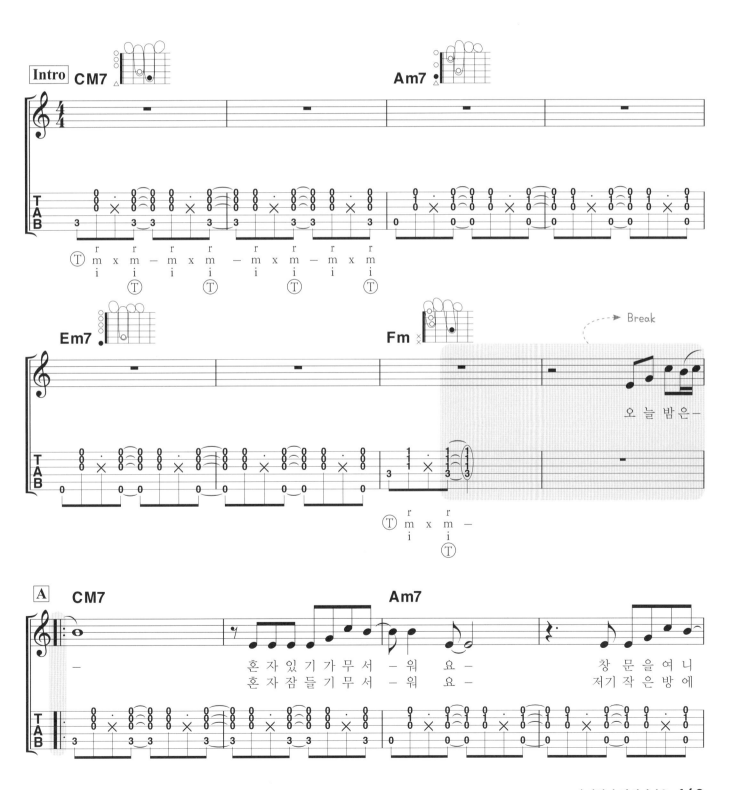

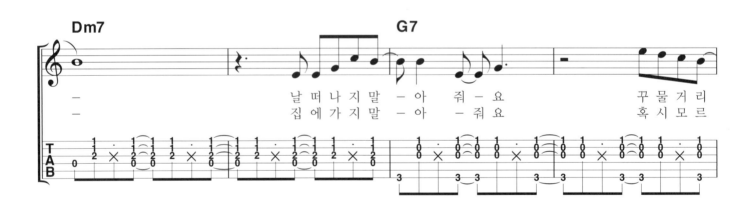

는 꼭 ─ 꼭 구 ─ 겨 창문밖에던 ─ 져 버 ─ 려 줘 ─   오 늘 의 나

는 불 ─ 을 끄 ─ 고 방 ─ 문을반 ─ 쯤 열 ─ 어 줘 ─

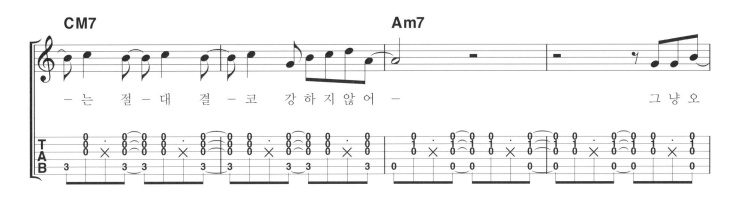

는 절 ─ 대 결 ─ 코 강 하 지 않 어 ─   그 냥 오

늘 밤 ─ 만 네 ─ 게 안 ─ 겨 서 ─   ─ ─

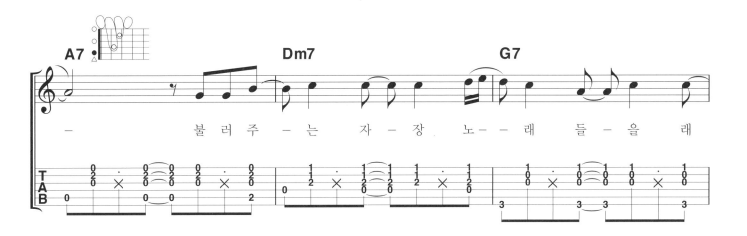

─   불 러 주 ─ 는 자 ─ 장 노 ─ ─ 래 들 ─ 을 래

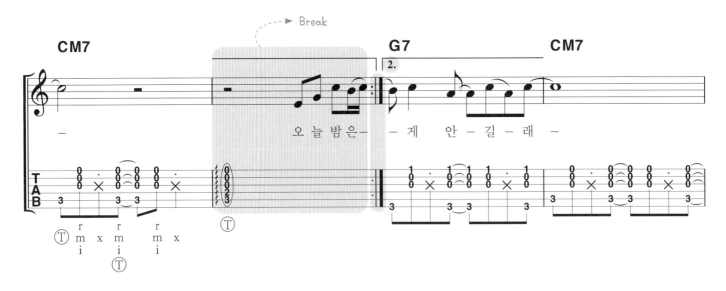

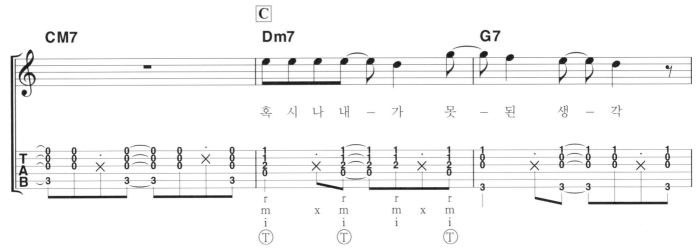

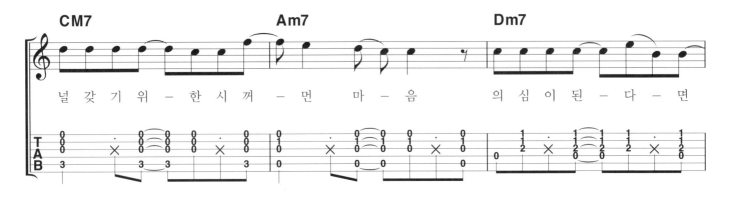

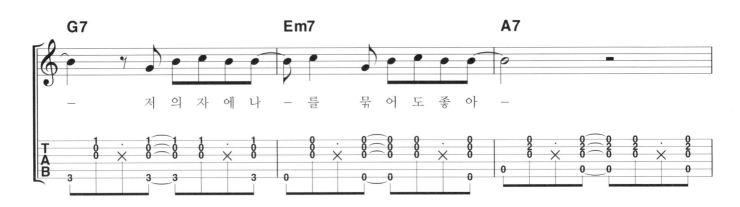

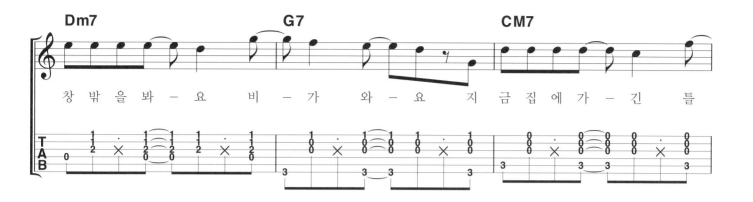

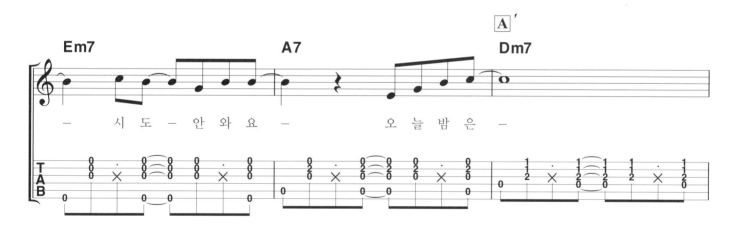

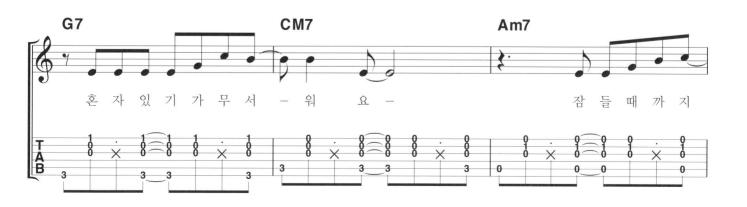

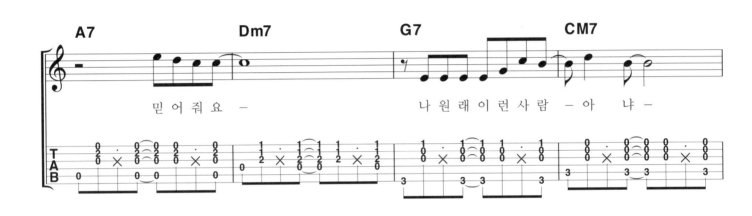

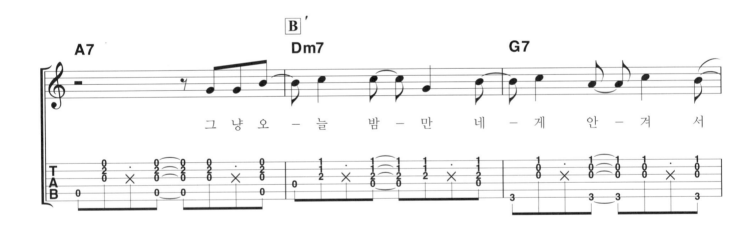

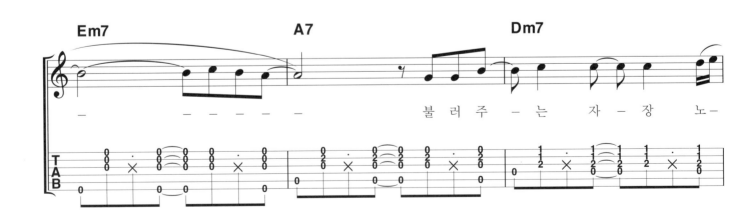

148

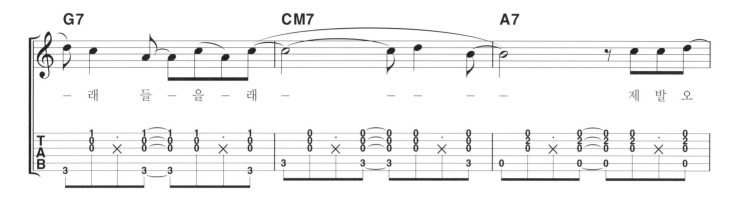

Ending

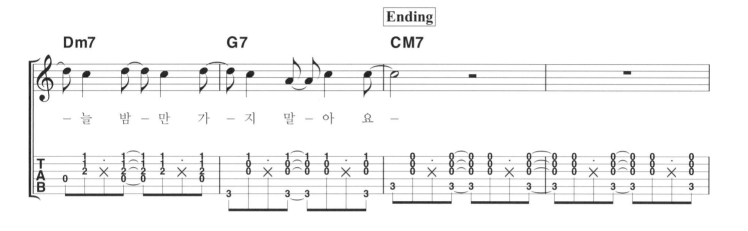

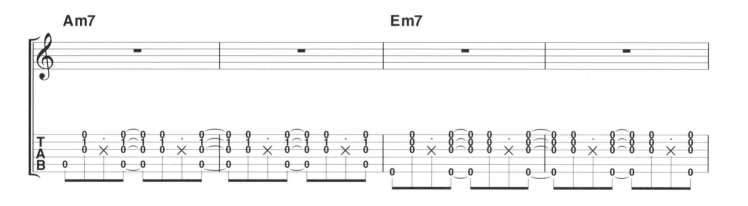

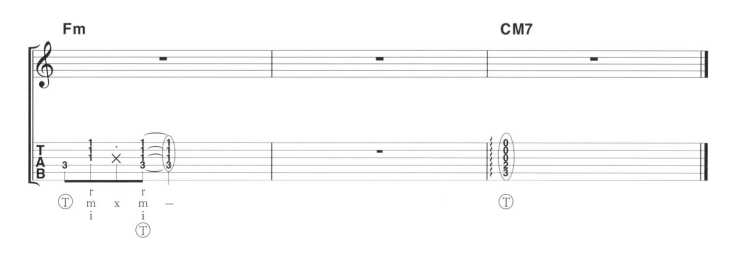

LESSON 6

뮤트
| Mute |

 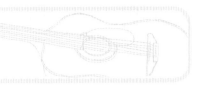

왼손을 사용하는 뮤트

뮤트는 소리가 나지 않게 하거나 음량을 줄이는 것을 뜻합니다. 기타에서는 왼손가락과 오른손 손바닥을 사용하는 두 가지의 뮤트 주법이 있습니다.

왼손을 사용하는 뮤트 주법은 뮤트 스트로크(Mute Stroke), 뮤트 커팅(Mute Cutting), 브러싱(Brushing)이라고도 합니다.

1. 스크래치(Scratch) 하는 법

스크래치는 실제의 음이 울리지 않게 줄에 손을 살짝 대어 뮤트한 상태에서 스트로크를 하는 것으로 '칫' 하는 소리가 납니다. 스크래치를 섞어서 스트로크를 하면 타악기적인 효과음이 더해져 더욱 리드미컬한 연주를 할 수 있습니다.

왼손을 지판 위에 살짝 올려놓고 줄을 감싸듯이 잡습니다. 이때 줄에서 손가락이 완전히 떨어지면 개방음이 울릴 수 있으므로 커팅을 한 후의 상태처럼 왼손의 손가락이 줄에 닿아 있는 상태로 힘만 살짝 빼도록 합니다(사진 ①). 스트로크를 할 때 모든 줄이 동시에 같은 음량으로 울릴 수 있도록 피크는 각도 없이 수평으로 줄에 닿아야 합니다(사진 ②, ③). 피크의 두께는 얇은 편이 연주하기에 좋습니다.

① 왼손은 힘을 뺀 채 줄을 완전히 감쌉니다. ② 피크는 줄에 수평으로 닿게 합니다. ③ 피크의 각도를 잘 맞춰줍니다.

스트로크를 할 때는 오른손 손목과 팔에 힘을 빼고 손목의 스냅을 이용해야 합니다.
다운 스트로크와 업 스트로크의 세기와 길이가 같도록 손목의 반경을 넓혀서 빠른 속도로 한 번에 여섯 줄을 동시에 칩니다. 최대한 크고 강한 소리가 나도록 연습하세요.

2. 스크래치 연습

연습할 때 한 박 마다 발을 함께 구르며 박자를 맞추면 리듬감 향상에 도움이 됩니다. 아래의 악보에서 숫자가 나올 때마다 발을 구르면 됩니다. 메트로놈을 사용하면 일정한 박으로 연습할 수 있기 때문에 더욱 좋습니다. 각각의 음표의 길이가 정확히 같도록 일정한 속도로 천천히 연습하다가 익숙해지면 조금씩 속도를 올리세요.

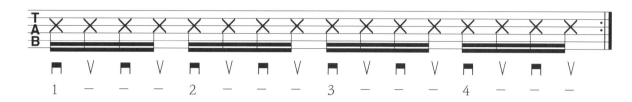

3. 왼손을 사용하는 뮤트 주법 연습

다음 악보에서 음표로 되어 있는 부분은 코드를 잡고 있는 왼손에 힘을 주어 음을 내고, ×로 되어 있는 부분은 왼손에 힘을 빼어 스크래치로 칩니다. 리듬 연습을 할 때는 박자를 정확하게 지키는 것이 제일 중요합니다. 빨라지거나 느려지지 않게 발 박자나 메트로놈에 맞춰 연습하세요. 다운과 업의 음량이 같게 스트로크해야 합니다. 특히 업 스트로크 때 소리가 작아지지 않도록 주의하세요.

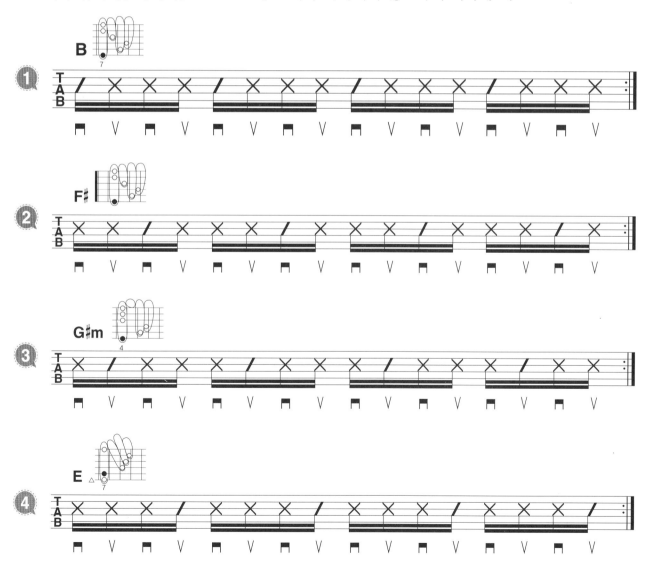

I'm Yours

Jason Mraz 작사 · 작곡 · 노래

셔플 느낌을 살려서 연주하세요

스크래치 (왼손 뮤트)　왼손 커팅

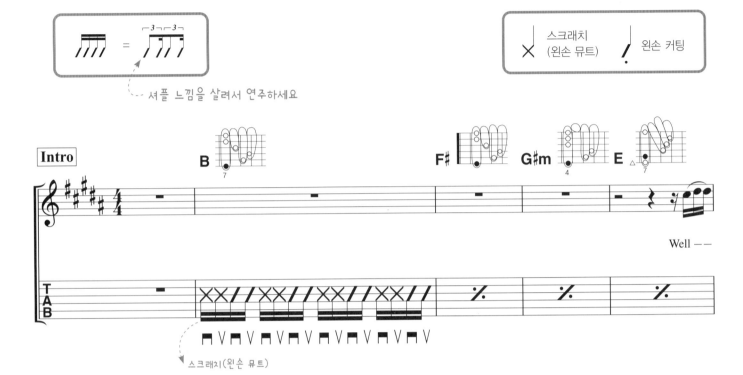

Well ——

스크래치(왼손 뮤트)

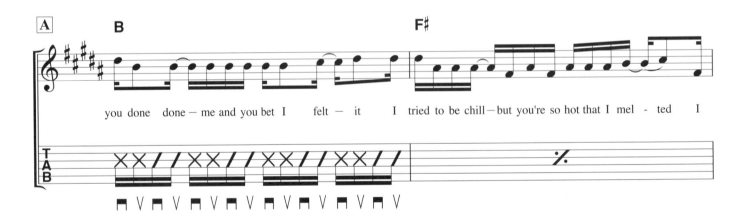

you done   done — me and you bet I   felt — it   I   tried to be chill — but you're so hot that I mel - ted   I

fell right through the cracks　　now I'm trying to get— back —— be-fore the cool done run out I'll be gi-ving it my best—est

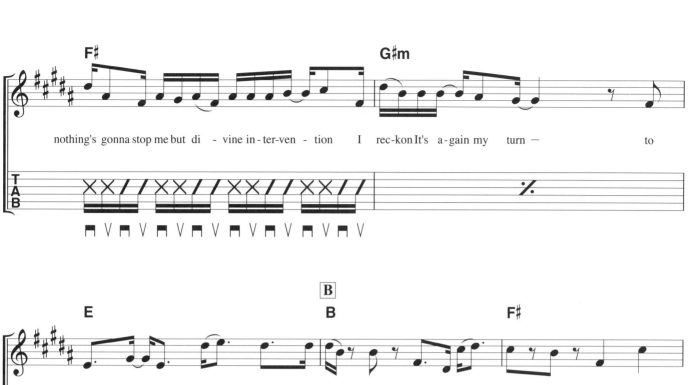

nothing's gonna stop me but di - vine in-ter-ven - tion   I rec-kon It's a-gain my turn —   to

win so-me or lea-rn some but I — won't he - si ta - te no more no

mo-re it can - not — wait I'm yours —————— —   umm——

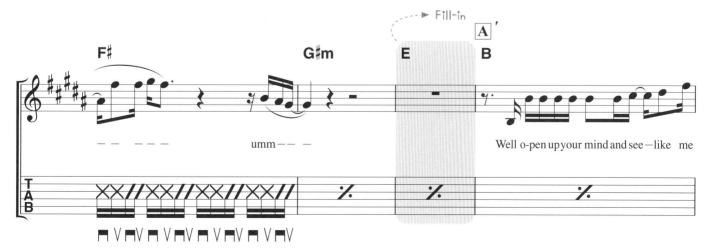

— — — umm— — —   Well o-pen up your mind and see—like me

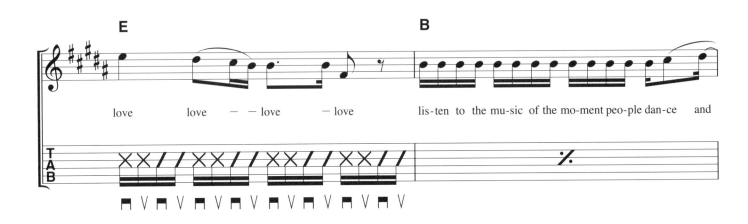

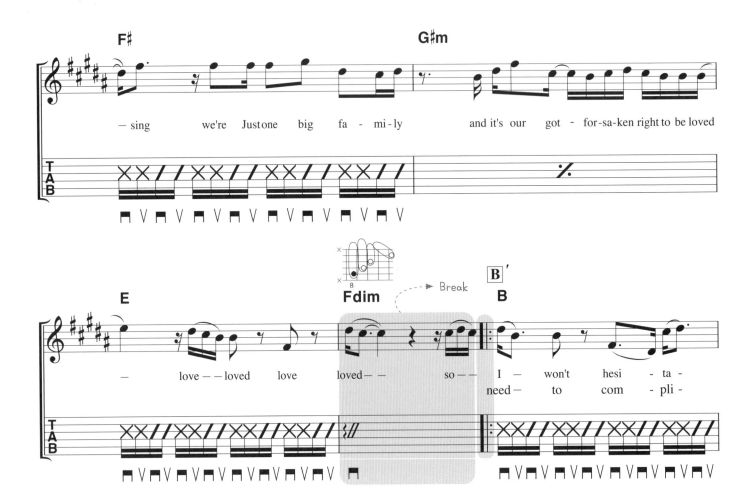

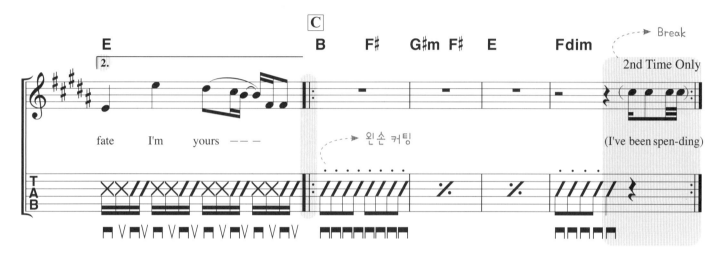

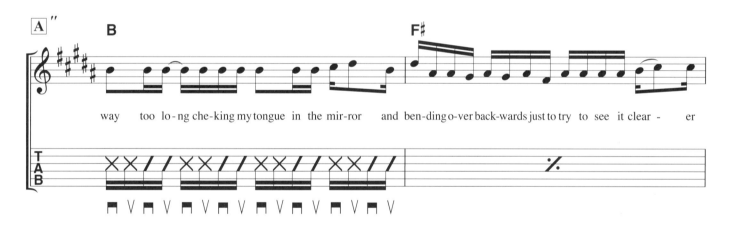

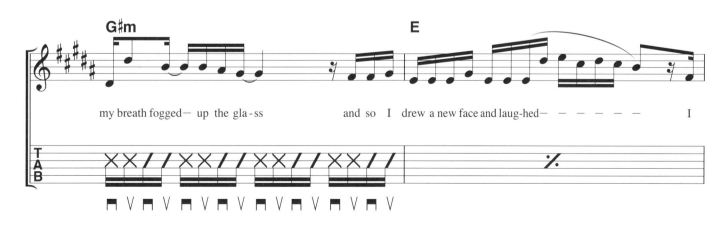

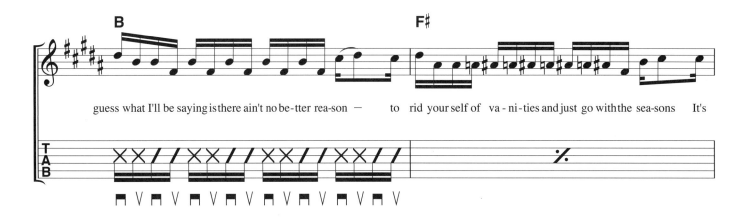

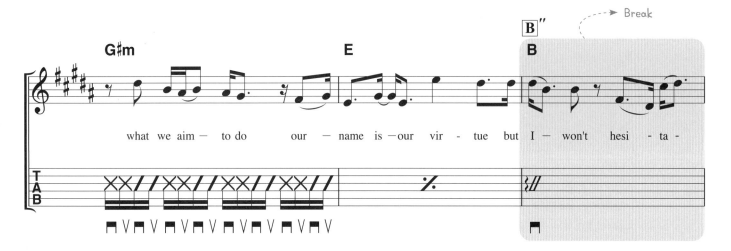

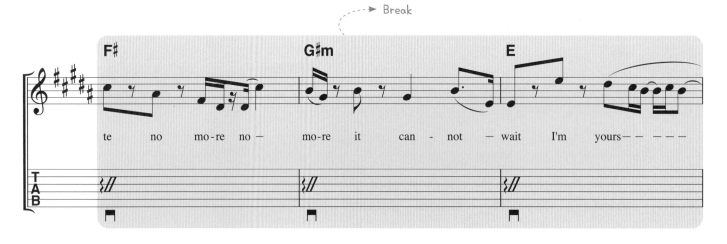

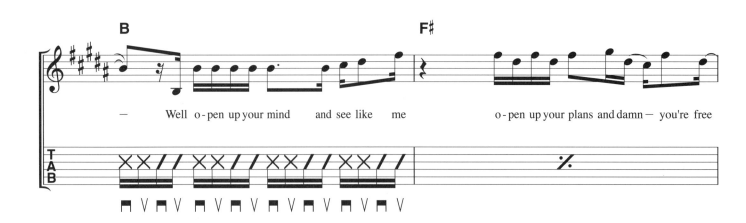

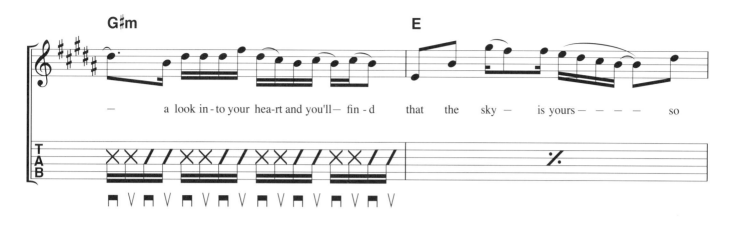

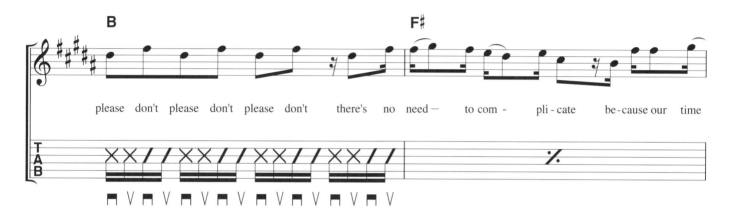

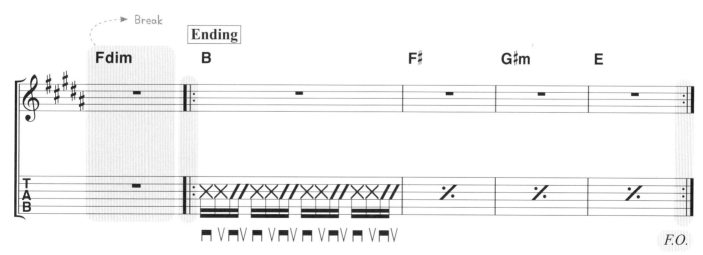

오른손을 사용하는 뮤트

1. 팜 뮤트(Palm Mute)하는 법

오른손을 사용하는 뮤트 주법은 손바닥을 이용하기 때문에 팜 뮤트(Palm Mute)라고도 하고 브릿지 위에 손을 대고 치기 때문에 브릿지 뮤트(Bridge Mute)라고도 합니다. 여기서 뮤트는 소리가 나지 않게 하는 것이 아니라 음량을 줄이는 것을 뜻합니다.

브릿지의 새들 바로 위에 손바닥을 댄 상태로 피킹이나 스트로크를 하여 소리가 반 정도만 울리게 합니다. 오른손 뮤트로 연주하면 음량이 줄면서 음색도 변하기 때문에 색다른 효과를 줄 수 있습니다.

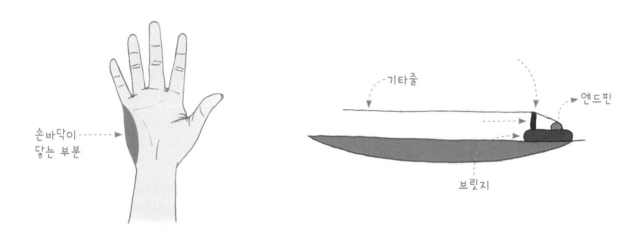

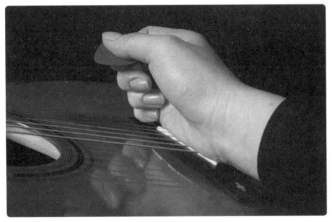

▲손의 위치

▲줄을 누른 채로 칩니다.

160

2. 오른손을 사용하는 뮤트의 다양한 표기법

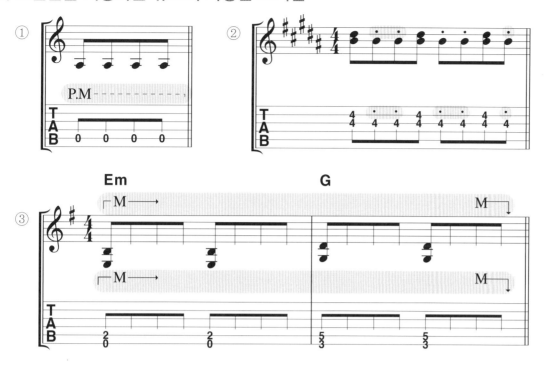

다음 예제를 보고 오른손을 사용하는 뮤트를 익혀봅시다.

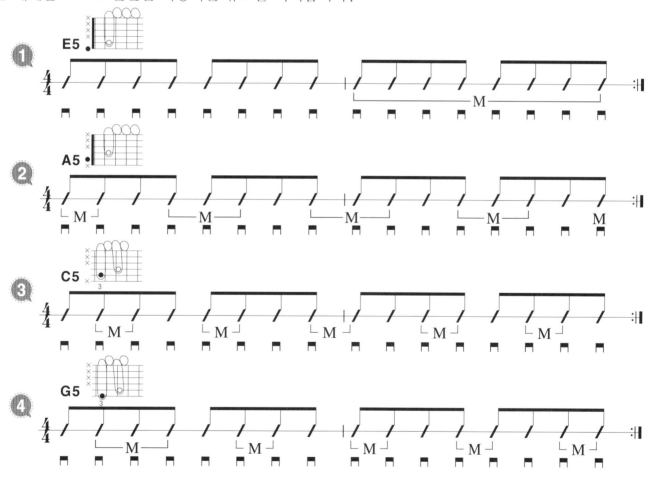

☆ **커팅과 뮤트의 표기법**

커팅과 뮤트의 표기법은 혼용되어 사용되기 때문에 악보상으로는 구분이 안 되는 경우가 많습니다. 이런 경우에는 실제 노래를 들어보고 구분해야 합니다. 스타카토처럼 음이 끊어지면 커팅 주법으로, 음색이 달라지면 뮤트 주법을 사용하세요.

☆ 파워 코드(Power Chord)

파워 코드는 특히 록 음악에서 많이 사용되기 때문에 록 코드(Rock Chord)라고도 합니다. 파워 코드는 낮은 음을 내는 ④, ⑤, ⑥번줄을 주로 사용하여 강하고 힘찬 느낌을 주며 코드폼이 단순하기 때문에 코드를 잡기도 쉽습니다. 또한 3도음이 생략되어 근음과 5도음으로만 이루어져 있어서 장화음(Major)과 단화음(minor)의 구분 없이 사용할 수 있다는 장점이 있습니다. 파워 코드로 반주를 하면 멜로디나 솔로 악기가 사용할 수 있는 스케일의 폭이 훨씬 넓어져서 다양한 분위기의 음악을 만들 수 있습니다.

파워 코드의 코드폼

파워 코드는 바 코드에서 고음을 생략하고 저음만을 사용하는 코드라고 생각하면 코드폼을 쉽게 기억할 수 있습니다. 아래의 그림 ①은 메이저 코드의 코드폼이고 그림 ②는 마이너 코드의 코드 폼인데, ( )안의 음들을 생략한 파워 코드에서는 같은 모양이 됩니다.

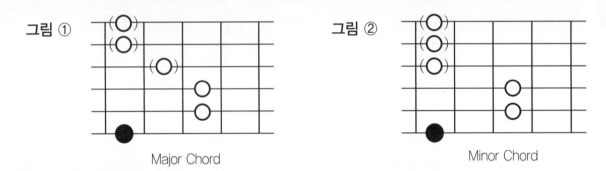

그림 ①　Major Chord

그림 ②　Minor Chord

파워 코드를 잡을 때는 두 줄만 사용하기도 하고 세 줄을 사용하기도 합니다. 주로 ⑤번과 ⑥번줄에 근음이 있는 코드를 사용하며, 어느 줄에 근음이 있든지 코드 모양과 구성음은 같습니다.

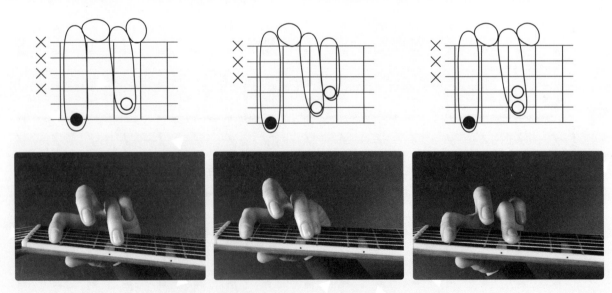

스트로크를 할 때에는 코드를 잡은 두 줄이나 세 줄만을 강하게 칩니다. 왼손은 1번 손가락의 끝에만 힘을 주어 근음(⑤번줄이나 ⑥번줄)을 누르고 아랫부분은 힘을 빼서 불필요한 음이 울리지 않도록 나머지 줄을 뮤트시킵니다.

파워 코드의 표기

파워 코드는 코드 옆에 숫자 5를 붙여 C5와 같이 표기합니다. 하지만 다른 악기의 코드에 맞춰 C 혹은 Cm, C7으로 쓰기도 합니다. 이때는 타브 악보를 보거나 음악을 듣고 파워 코드인지 확인한 후 연주해야 합니다.

C5의 여러 가지 포지션

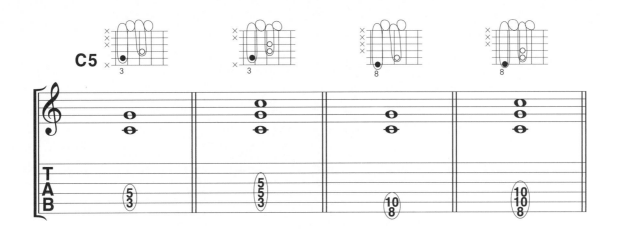

개방음을 이용한 파워 코드

개방음을 이용한 파워 코드는 왼손의 1번 손가락만을 사용합니다.

사진 ①　　　　　　　사진 ②　　　　　　　사진 ③

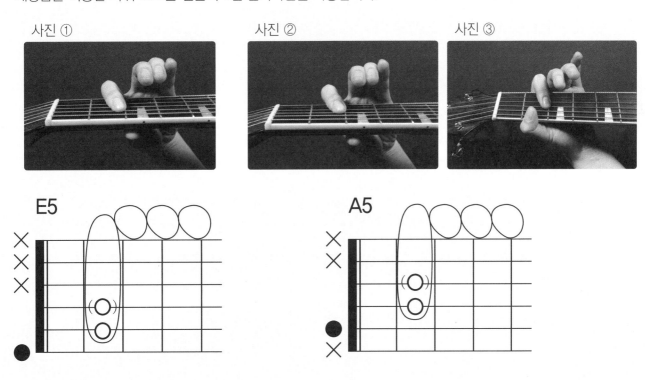

⑤번줄의 개방음을 이용하는 A5코드를 잡을 때 ⑥번줄에 엄지손가락을 살짝 대고 뮤트시키면 (사진 ③) 깨끗한 사운드를 낼 수 있습니다.

오른쪽 뮤트 연습곡
원곡 : A Key

아메리카노

권정열, 윤철종 작사 · 작곡 | 10cm 노래

164

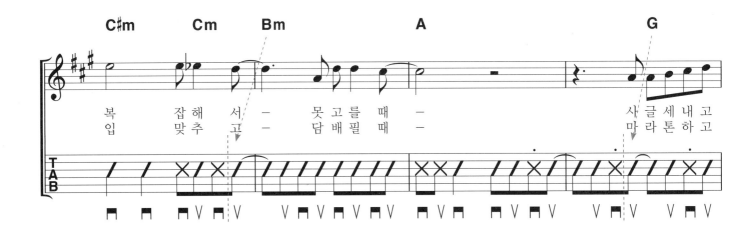

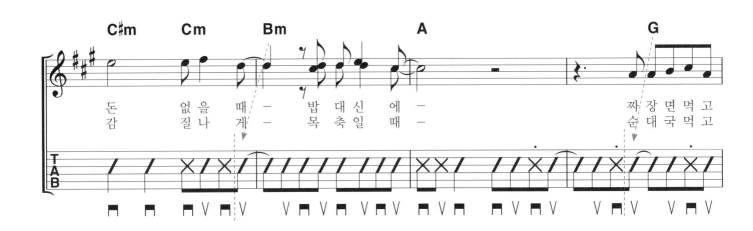

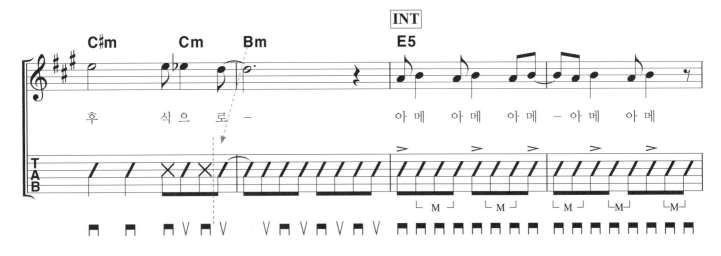

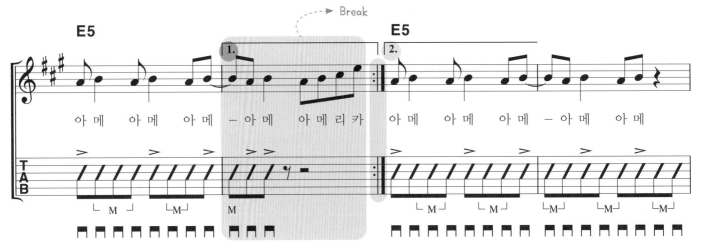

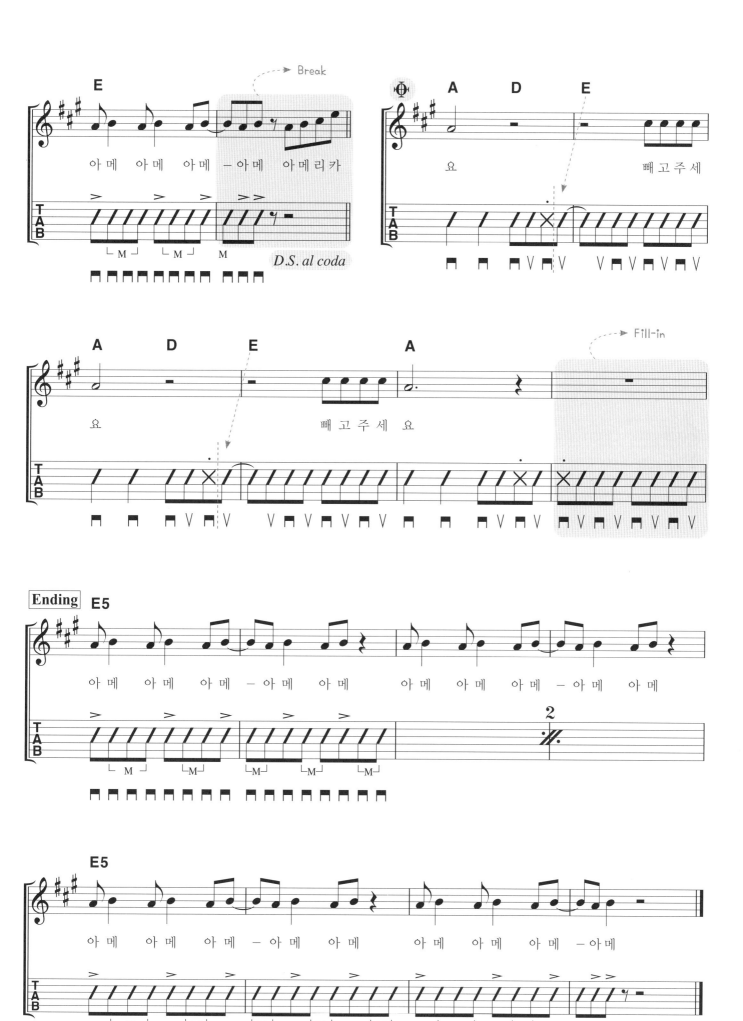

강남 스타일

싸이 작사 | 싸이, 유건형 작곡 | 싸이 노래

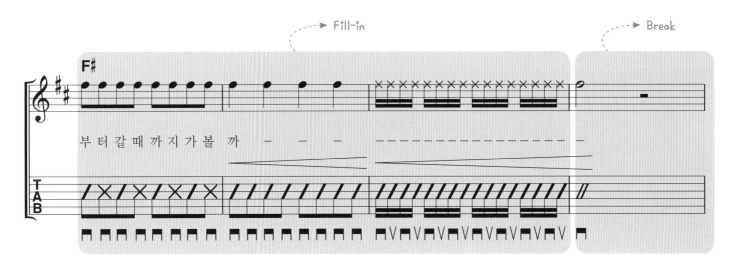

부터 갈 때 까지 가 볼 까

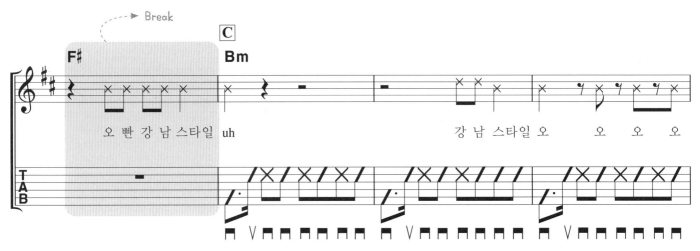

오 빠 강 남 스 타 일 uh   강 남 스 타 일 오   오   오   오

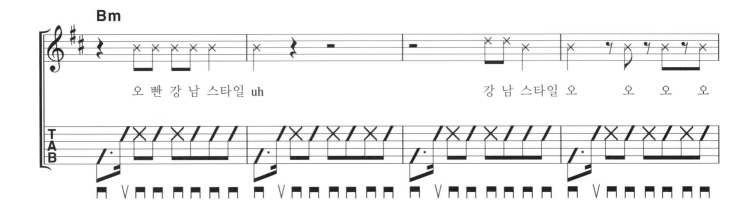

오 빠 강 남 스 타 일 uh   강 남 스 타 일 오   오   오   오

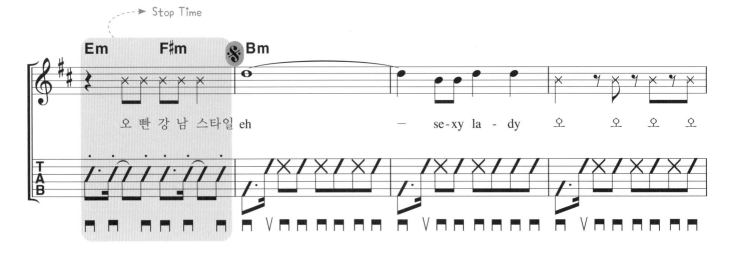

오 빠 강 남 스 타 일 eh   — se-xy la - dy   오   오   오   오

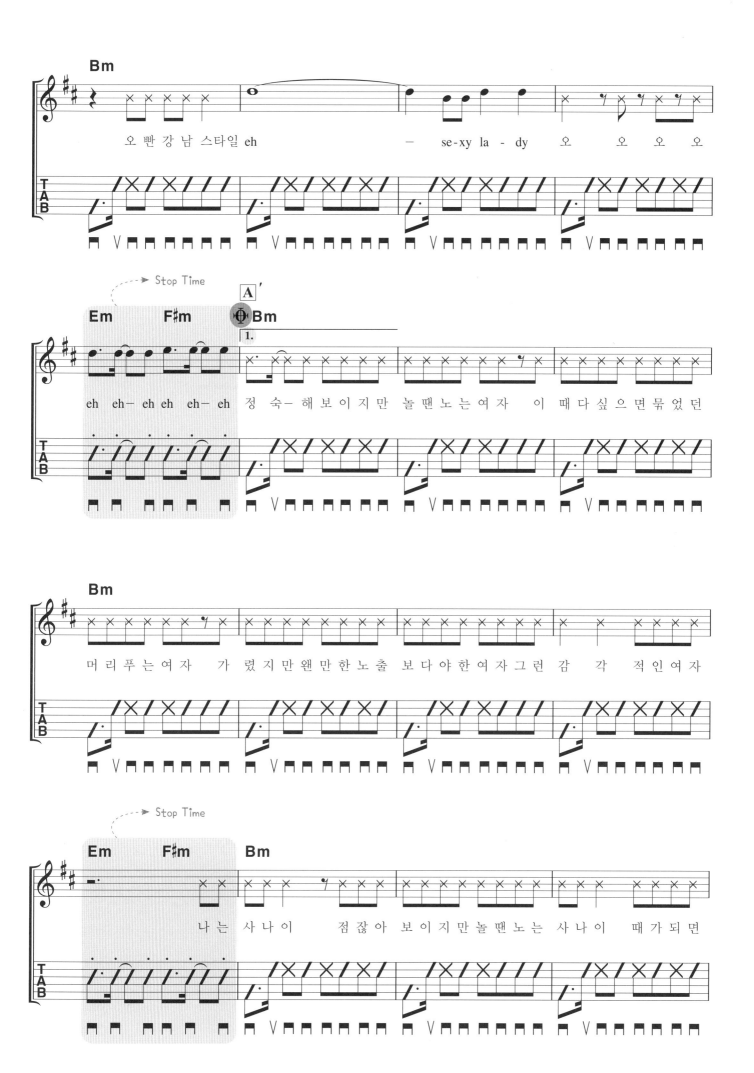

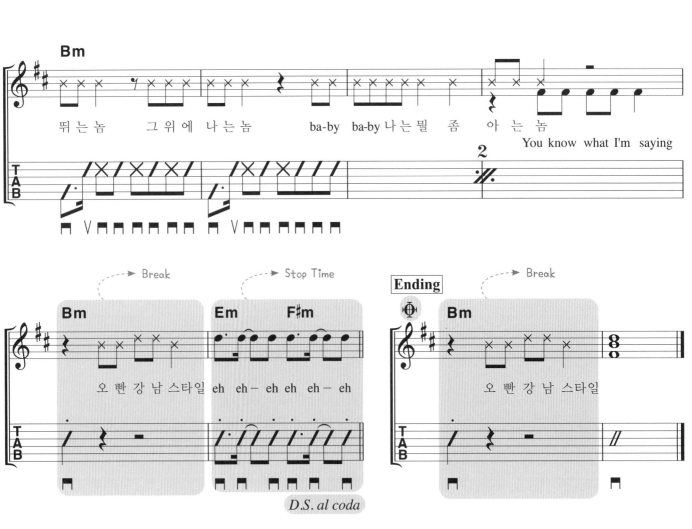

먼지가 되어

송문상 작사 | 이대헌 작곡 | 정준영, 로이킴 노래

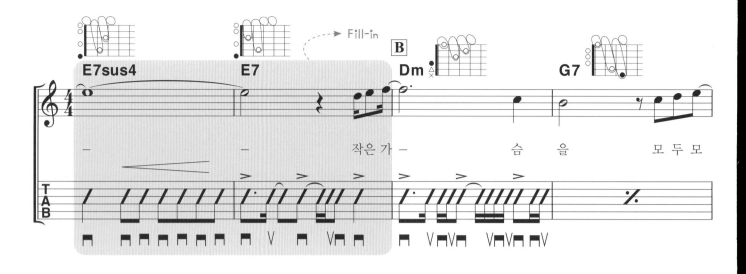

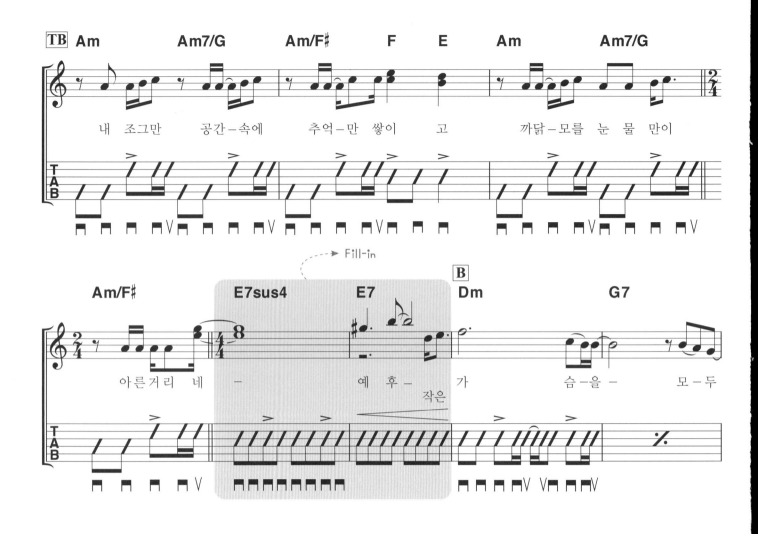

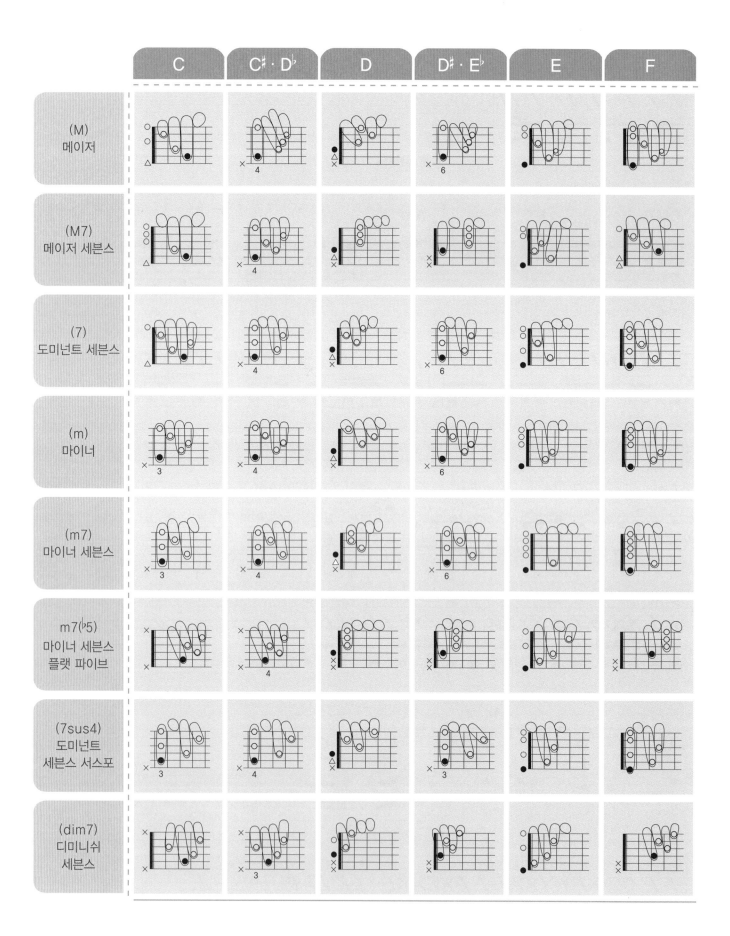

● 근음(Root)
○ 개방음 사용
× 개방음 사용 불가
△ 개방음 사용 가능하지만 소리가 안나면 더 좋습니다

F♯ · G♭	G	G♯ · A♭	A	A♯ · B♭	B	
						(M) 메이저
						(M7) 메이저 세븐스
						(7) 도미넌트 세븐스
						(m) 마이너
						(m7) 마이너 세븐스
						m7(♭5) 마이너 세븐스 플랫 파이브
						(7sus4) 도미넌트 세븐스 서스포
						(dim7) 디미니쉬 세븐스

저자 박지은

동덕여대 실용음악과 졸업 (기타 전공)
서울 재즈아카데미 4기 정규주간 기타과 졸업

· 공연 세션 활동(예술의전당 콘서트홀, 세종문화회관 대극장, 문화일보홀, 다수의 홍대클럽 등)
· 방송 세션 활동(윤도현의 러브레터, SBS 인기가요, KBS 뮤직뱅크, MBC 음악중심, 이소라의 음악도시 등)
· 탱고 오케스트라 '네오마' 활동
· (주)클라무닷컴 음원 개발팀장 역임(튠어라운드 음원 개발 및 관리)
· 경희대 발레단 '발레노바' 음악 담당
· 싱크로나이즈 대표 선수 국내 및 국제 경기용 음악 편집
· 독립영화 '날씨와 생활' 음악 담당
· 실용음악학원 기타, 미디, 우쿨렐레, 화성학, 청음, 앙상블 강사 역임
· 기획재정부, 중앙선거관리위원회, 국가과학기술위원회, 원자력안전위원회 클래식 · 통기타 동호회 강사 역임
· 양강중학교, 오금고등학교 특기적성 밴드부 지도교사 역임
· 현) CMP실용음악학원, SMMA실용음악학원, Match Studio, 클래시안 클래식 · 통기타 동호회 강사

응답하라 감성기타 2

저자 박지은
기타협찬 형제악기사

발행인 전재국
대표 정의선
콘텐츠기획실 최지환
편집 서보람, 양혜영
미술 임현아, 김숙희
기획마케팅실 사공성, 김상권, 장기석
제작 박장혁, 전우석

인쇄일 2024년 12월 30일

발행처 음악세계
출판등록 제406-2007-000055호
주소 경기도 파주시 Bookcity 165 ⊕10881
전화 영업 031-955-6980 편집 031-955-6971~4
팩스 영업 031-955-6988 편집 031-955-6979
홈페이지 www.eumse.com

ISBN 979-11-6680-586-8-14670
     979-11-6680-098-6-14670(전2권)

이 책에 수록된 곡은 저작권료를 지급한 후에 제작되었으나 일부 곡은 여러 경로를 통한 상당한 노력에도 저작자 및 저작권 대리권자에 대한 부분을 찾기
어려운 상황임을 말씀드리며, 저작자 또는 저작자의 권리를 대리하시는 분이 계시면 본사로 연락주시기 바랍니다.
추후 곡의 사용에 대한 저작권자의 요구 시 저작권법 및 저작자 권리단체의 규정을 따를 것을 말씀드립니다. 저작자의 권리는 반드시 존중되어야 합니다.